उर्दू के मशहूर शायर

मजाज़

और उनकी चुनिंदा शायरी

सम्पादक

नरेंद्र गोविंद बहल

www.diamondbook.in

प्रकाशक: **डायमंड पॉकेट बुक्स (प्रा.) लि.**
X-30 ओखला इंडस्ट्रियल एरिया, फेज-II
नई दिल्ली- 110020
फोन : 011-40712200
ई-मेल : sales@dpb.in
वेबसाइट : www.diamondbook.in

Urdu Ke Mashhoor Shayar Majaz Aur Unki Chuninda Shayari

Ed By : *Narender Govind Behl*

दो शब्द

मजाज़ उर्दू के प्रगतिशील विचारधारा से जुड़े रोमानी शायर के रूप में मशहूर हुए। लखनऊ शहर से जुड़े होने की वजह से 'मजाज़ लखनवी' नाम से भी मशहूर हुए। लेखन के शुरुआती दौर में उपेक्षा होने के बावजूद कम लिखकर भी उन्होंने बहुत ज्यादा प्रसिद्धि पाई।

'मजाज़' लखनवी का जन्म 19 अक्टूबर, 1911 ई. में अवध के प्रसिद्ध नगर बाराबंकी के रदौली शहर में हुआ। हालांकि फ़िराक गौरखपुरी के अनुसार उनकी जन्म तिथि 2 फरवरी 1909 है। इसके अलावा प्रकाश पंडित ने भी यही जन्म तिथि मानी है। माता-पिता ने असरारुल हक नाम रखा। 'मजाज़' तखल्लुस अपनाया। उनके पिता का नाम चौधरी सिराजुल हक रुदौली था जिन्होंने एल एल बी की डिग्री तो ली थी लेकिन वकालत की बजाय नौकरी को प्राथमिकता दी और लखनऊ में रजिस्ट्रेशन विभाग में हेड क्लर्क हो गए। तरक्की होने पर 1929 में वे असिस्टेंट रजिस्ट्रार हो गए थे।

मजाज़ यानी असरारुल हक़ की आरंभिक शिक्षा आगरा में हुई। उन्होंने अमीनाबाद इंटर कॉलेज से हाई स्कूल पास किया। 1929 में उन्होंने आगरा के मशहूर शैक्षणिक संस्था सेंट जॉन्स कॉलेज इंटर साइंस में दाखिला लिया। इसका कारण यह था कि उनके पिता उन्हें इंजीनियर बनाना चाहते थे, इसलिए उन्हें साइंस साइड के भौतिक और गणित विषय दिलाए गए। लेकिन मजाज़ साइंस साइड से पढ़ाई नहीं करना चाहते थे और वे इंटर में फेल हो गए। तब उन्होंने अलीगढ़ इंटरमीडिएट की पढ़ाई शुरू की और इस बार उन्होंने साइंस के बजाए आर्ट के विषय लिए और उत्तीर्ण भी हुए। अलीगढ़ का यह दौर उनके जीवन के लिए निर्णायक मोड़ साबित हुआ। इस शहर में उनकी मुलाकात मंटो, इस्मत चुगताई , अली सरदार जाफरी, सिब्ते हसन, जाँ निसार अख्तर जैसे मशहूर शायरों से हुई। इनकी सोहबत ने मजाज़ के कलाम को और भी निखारा। अलीगढ़ में ही उन्होंने अपना उपनाम 'मजाज़' अपनाया था। इसके बाद मजाज़ गजल की दुनिया में बड़ा सितारा बनकर उभरे और उर्दू अदब के फलक पर छा गए। कहा जाता है कि अलीगढ में मजाज़ की आत्मा बसती थी। यह भी कहा जाता है कि मजाज़ और अलीगढ़ एक दूसरे के पूरक थे, वे एक दूसरे के लिए बने थे। मजाज़ अपने स्कूली पढ़ाई के दौरान ही शायरी और अपने व्यक्तित्व को लेकर इतने मशहूर हो गए थे कि हॉस्टल की लड़कियां मजाज़ के गीत गाया करती थी। मजाज़ ने

अलीगढ़ की नुमाइश, यूनिवर्सिटी, वहां की रंगीनियों आदि को लेकर काफी लिखा-पढ़ा।

वर्ष 1931 में उन्हें कॉलेज के एक मुशायरे में बेहतरीन गजल पर गोल्ड मेडल भी मिला था। अलीगढ़ यूनिवर्सिटी से वर्ष 1934 में उन्होंने बी ए पास किया। इसके बाद उन्होंने एम ए दाखिला भी लिया परन्तु रुचि न होने के कारण एम ए पूरा नहीं किया।

शुरू से ही साहित्यिक और शैक्षणिक माहौल में परवरिश पाने के कारण शायरी से दिलचस्पी रही। बी ए पास करने के बाद एक साल तक आल इण्डिया रेडियो दिल्ली नौकरी की। आल इण्डिया रेडियो की पत्रिका 'आवाज' के सहायक संपादक भी रहे। लेकिन इस नौकरी ने ज्यादा दिनों तक साथ न दिया। दिल्ली में उन्होंने न नौकरी में सफलता हासिल की और न ही इश्क में। इश्क में नाकामी से उन्होंने शराब पीना शुरू कर दिया। वे लखनऊ वापस आ गए। 1939 में मजाज़ , सिब्ते हसन और अली सरदार जाफरी ने एक साथ मिलकर उर्दू भाषा की 'नया अदब' पत्रिका निकाली पर अफ़सोस यह पत्रिका भी आर्थिक कठिनाइयों की वजह से ज्यादा दिन तक छप न सकी। बेरोजगारी और भविष्य को लेकर घोर निराशा ने मजाज़ को अन्दर ही अन्दर खोखला कर दिया और वे लगातार शराब पीने लगे। वे लखनऊ लौट आए। इस दौरान उन्हें पहला नर्वस ब्रेक डाउन का शिकार होना पड़ा। इलाज के बाद वे अपनी बड़ी बहन के साथ अल्मोड़ा चले गए। कुछ माह बाद स्वस्थ होकर वापस लौटे।

कुछ दिनों बम्बई सरकार के सूचना एवं प्रसारण मंत्रालय में कार्य किया। बम्बई में रहते हुए फिल्मी दुनिया से भी जुड़े और कई फिल्मों के गीत भी लिखे। 1942-1945 के दौरान उन्होंने हार्डिंग लाइबेरी दिल्ली में मुलज़िम हो गए। यहीं उन्हें दूसरी बार नर्वस ब्रेक डाउन का हमला हुआ। शायरों की दुनिया में उनकी उपेक्षा की गई कहीं न कहीं उन्हें ये बात भी घर कर गई थी। वे अपनी शायरियों का उचित मूल्यांकन न होना सहन न कर पाए। उन्हें नर्वस ब्रेक डाउन का तीसरा दौरा पड़ा। उन्हें दिल्ली से लखनऊ लाया गया। अपनी तबियत खराब होने के बावजूद वे अमन कोंफेरेंस में कोलकाता गए थे। वहां उनकी ज्यादा तबीयत खराब हो गई और उनको बहला कर जहाज से रांची लाया गया और रांची अस्पताल में उनको भर्ती किया गया। वहां उर्दू के प्रसिद्ध लेखक सुहैल अजीमाबादी ने उनकी बहुत मदद की। तकरीबन छ: महीने के उपचार के बाद वे घर वापस आए। तभी उनकी बहन की मृत्यु हो गई जिससे मजाज़ को गहरा सदमा लगा। 5 दिसम्बर 1955 में लखनऊ में रात दस बजे के करीब उनकी मृत्यु हो गई।

मजाज़ की शायरी के दो रंग थे। पहले रंग में वे इश्किया गजलकार नजर आते हैं जबकि दूसरे रंग में उनके इंकलाबी शायर होने की झलक मिलती है। प्रगतिशील विचारधारा से जुड़ने के बाद उनकी शायरी व उनके लेखन को नया विस्तार मिला। वे प्रगतिशील लेखक संघ से जुड़ गए थे। स्वभाव से रोमानी शायर होने के बावजूद उनकी शायरी में प्रगतिशीलता के तत्व मौजूद रहे। अपनी शायरी में उपयुक्त शब्दों का चयन और भाषा की रवानगी ने उनकी शायरी को लोकप्रिय बनाने की महत्वपूर्ण भूमिका निभाई । हालाँकि उन्होंने बहुत कम लिखा लेकिन जो भी लिखा इससे उन्हें काफी प्रसिद्धि मिली। सामान्यतया उर्दू शायरी की आलोचना करने वाले आलोचकों ने उनकी शायरी की खूब आलोचना की।इसके बावजूद उन्होंने माना कि उनकी गजलों के विषय नए जरूर हैं और उसमें उस प्रकार की क्रमबद्धता पाई जाती है। सज्जाद जहीर ने उनके लेखन की काफी तारीफ की। 'मजदूरों का गीत' हो या 'इन्कलाब जिंदाबाद' मजाज़ ने अपनी बात बहुत ही प्रभावशाली तरीके से कही । इसमें कोई दो राय नहीं मजाज़ की मूल चेतना रोमानी है। मजाज़ ने अपने काव्य में प्रेम की हसरतों और नाकामियों का बड़ा व्यथापूर्ण चित्रण किया है। शुरुआत में उनकी रचनाओं के पीछे भी एक रोमानी चेतना की झलक मिलती थी, लेकिन धीरे-धीरे विचारधारा का विकास होने के बाद और मजाज़ ने अपने दौर की आशाओं, आकांक्षाओं, सपनों तथा व्यथाओं की वाणी बने। उन्होंने गरीबी, भेदभाव और पूंजीवाद के अभिशाप पर बड़ी क्रांतिकारी रचनाएँ की । मशहूर शायर फैज़ अहमद फैज़ ने भी उनकी रचनाओं की खूब तारीफ की। उन्होंने कहा था, "मजाज़ की क्रांतिवादिता आम शायरों से भिन्न है। मजाज़ क्रांति का प्रचारक नहीं, क्रांति का गायक है। उसके नगमे में बरसात की दिन सी आरामदायक शीतलता है और बसंत की रात की सी प्रिय उष्णता की प्रभावात्मकता।"

मजाज़ ने अपने परिचय में कहा था कि :

खूब पहचान लो 'असरार' हूँ मैं
जिन्से-उल्फ़त का तलबगार हूँ मैं

-सम्पादक

नरेंद्र गोविन्द बहल

narendergovindbehl@gmail.com

प्रकाशकीय

नरेन्द्र गोविन्द बहल उर्दू और हिन्दी कविता में गहन रुचि रखते है जिसके कारण उन्होंने अधिकतर मुशायरों व कवि सम्मेलनों में शिरकत की थी, इन्हीं आयोजनों की वजह से उन्हें साहित्य लेखन का भी शौक पैदा हुआ। लेखक की विभिन्न विषयों पर अब तक 60 से अधिक पुस्तकें प्रकाशित हो चुकी हैं। लालकिले में होने वाले कवि सम्मेलन और मुशायरों से कविता-शायरी के प्रति प्रेम बढ़ा और वहीं से उन्होंने उन्हें कविता लिखना भी प्रारंभ कर दिया था। कविता, गीत, गजल, शायरी को समझने के लिए उर्दू के मशहूर शायरों के जीवन के बारे में जानने के लिए उर्दू भाषा सीखी।

जब लेखक साहिर लुधियानवी, कैफ़ी आज़मी, जान-ए-सार अख्तर, अली सदार जाफरी, मजाज, नरेश कुमार 'शाद' आदि शायरों से मिले तो उनका पाठकीय दृष्टिकोण बदलने लगा और उन्होंने गालिब, फैज़, जफ़र, दाग आदि रचनाकारों को भी पढ़ना शुरू किया। इन शायरों को पढ़ते हुए लेखक के मन में एक उत्साह पैदा हुआ कि इन शायरों की पुस्तकें संपादित की जाएं। यह पुस्तक भी इसी उत्साह का नतीजा है।

डायमंड बुक्स प्रस्तुत करता है उर्दू के मशहूर शायर और उनकी चुनिंदा शायरी। इस सीरीज़ में नये पुराने शायरों की प्रसिद्ध एवं चुनिंदा शायरी का संकलन प्रकाशित किया है। इस सीरीज की प्रमुख पुस्तकें इस प्रकार हैं :-

फ़ैज़
क़तील शिफ़ाई
जोश मलिहाबादी
शक़ील बदायूंनी
मीर
मोमिन ख़ां 'मोमिन'
साहिर लुधियानवी
मजाज़
इक़बाल
ज़फ़र
दाग़
अदा जाफरी
शाहिद मीर
मुज़फ़्फ़र वारसी
वसीम बरेलवी
आलम खुर्शीद
शहरयार
ग़ालिब
अख़्तर शीरानी
ज़ौक़
अकबर इलाहाबादी
नज़ीर अकबराबादी
फ़िराक़ गोरखपुरी
इफ़्तिख़ार आरिफ़
मजरुह सुल्तानपुरी
अहमद फराज
दर्द
नरेश कुमार शाद
मुश्ताक अहमद
मंज़ूर हाशमी
निश्तर ख़ानक़ाही
हरिराज सिंह नूर
अमजद इस्लाम अमजद
निदा फाजली
बशीर बद्र
बेकल उत्साही
परवीन शाकिर
कैफ़ी आज़मी
जॉ निसार अख़्तर
अली काज़मी
कुँअर बेचैन
माणिक वर्मा
अली सरदार जाफरी
मिर्ज़ा रफ़ी 'सौदा'
असग़र गोंडवी
चमन लाल चमन
राम अवतार बैरवा
रामदरश मिश्र
महताब हैदर नक़वी

मनीष वर्मा

manish@dpb.in

(1)

निगाह-ए-लुत्फ़ मत उठा ख़ूगर-ए-आलाम[1] रहने दे
हमें नाकाम रहना है, हमें नाकाम रहने दे

किसी मासूम पर बेदाद[2] का इलज़ाम क्या मानी
यह वहशत ख़ेज़ बातें इश्क़-ए-बद अन्जाम रहने दे

अभी रहने दे दिल में शौक़-ए-शोरीदा के हंगामें
अभी सर में मुहब्बत का जुनून-ए-खाम[3] रहने दे

अभी रहने दे कुछ दिन लुत्फ़-ए-नग़मा मस्ती-ए-सहबा
अभी यह साज़ रहने दे, अभी यह जाम रहने दे

कहाँ तक हुस्न भी आख़िर करे पास-ए-रवादारी[4]
अगर यह इश्क़ खुद ही फ़र्क़ खास-ओ-आम रहने दे

बईं रिन्दी 'मजाज़' एक शायर-ए-मज़दूर-ओ-दहक़ां[5] है
अगर शहरों में वह बदनाम है बदनाम रहने दे

---

1. मुसीबत के आदी 2. जुल्म 3. बेकार का पागलपन 4. लिहाज़ 5. देहाती मजबूर।

(2)

रह-ए-शौक़[1] से अब हटा चाहता हूँ
कशिश हुस्न की देखूना चाहता हूँ

कोई दिल-सा दर्द आशना चाहता हूँ
रह-ए-इश्क़ में रहनुमा[2] चाहता हूँ

तुझी से तुझे छीनना चाहता हूँ
यह क्या चाहता हूँ यह क्या चाहता हूँ

खताओं पे जो मुझको माइल करे फिर
सज़ा और ऐसी सज़ा चाहता हूँ

वह मख़मूर नज़रें वह मदहोश आँखें
ख़राब-ए-मुहब्बत[3] हुआ चाहता हूँ

वह आँखें झुकी वह कोई मुस्कुराया
प्याम-ए-मुहब्बत सुना चाहता हूँ

तुझे ढूँढता हूँ तिरी जुस्तुजू है
मज़ा है कि खुद गुम हुआ चाहता हूँ

कहाँ का करम और कैसी इनायत
'मजाज़' अब जफ़ा ही जफ़ा[4] चाहता हूँ

---

1. शौक़ का रास्ता 2. रास्ता दिखाने वाला 3. मुहब्बत में ख़राब होना 4. बेवफ़ाई।

(3)

ख़ामशी का तो नाम होता है
वरना यूँ भी कलाम[1] होता है

इश्क़ को पूछता नहीं कोई
हुस्न का एहतराम[2] होता है

आँख से आँख जब नहीं मिलती
दिल से दिल हमकलाम[3] होता है

हुस्न को शर्मसार[4] करना ही
इश्क़ का इन्तिक़ाम[5] होता है

अल्ला-अल्ला यह नाज़-ए-हुस्न 'मजाज़'
इन्तिज़ार-ए-सलाम होता है

---

1. बातचीत 2. इज्ज़त 3. बात करना 4. शर्मिन्दा करना 5. बदला लेना।

(4)

खूब पहचान लो असरार हूँ मैं
जिन्स-ए-उलफ़त[1] का तलबगार[2] हूँ मैं

इश्क़ ही इश्क़ है दुनिया मेरी
फितना-ए-अक्ल से बेज़ार[3] हूँ मैं

छेड़ती है जिसे मिज़राब-ए-अलम[4]
साज़-ए-फ़ितरत[5] का वही तार हूँ मैं

ऐब[6] जो हाफ़िज़-ओ-ख़य्याम में था
हाँ कुछ इसका भी गुनहगार हूँ मैं

ज़िन्दगी क्या है गुनाह-ए-आदम
ज़िन्दगी है तो गुनहगार हूँ मैं

मेरी बातों में मसीहाई[7] है
लोग कहते हैं कि बीमार हूँ मैं

इक लपकता हुआ शोला हूँ मैं
एक चलती हुई तलवार हूँ मैं

---

1. मुहब्बत 2. चाहनेवाला 3. नफरत करना 4. गम की चोट 5. कुदरत 6. बुराई 7. बीमार को शिफ़ा देने वाला।

(5)

हुस्न फिर फ़ितनागर[1] है क्या कहिये
दिल की जानिब[2] नज़र है क्या कहिये

फिर वही रहगुज़र[3] है क्या कहिये
ज़िन्दगी राहबर[4] है क्या कहिये

हुस्न खुद पर्दादर[5] है क्या कहिये
यह हमारी नज़र है क्या कहिये

आह तो बे-असर थी बरसों से
नग़मा भी बे-असर है क्या कहिये

हुस्न है अब न हुस्न के जलवे
अब नजर ही नज़र है क्या कहिये

आज भी है 'मजाज़' ख़ाक-नशीं[6]
और नज़र अर्श[7] पर है क्या कहिये

---

1. फ़ितने पैदा करने वाला 2. तरफ 3. आम रास्ता 4. रास्ता दिखाने वाला 5. पर्दा करने वाला 6. जमीन पर रहने वाला 7. आसमान।

(6)

हुस्न को बे-हिजाब[1] होना था
शौक़ को कामयाब होना था

हिज्र[2] में कैफ़-ए-इज़्तराब[3] न पूछ
खून-ए-दिल भी शराब होना था

तेरे जलवों में घिर गया आख़िर
ज़र्रे को आफताब होना था

कुछ तुम्हारी निगाह काफ़िर थी
कुछ मुझे भी खराब होना था

रात तारों का टूटना भी 'मजाज़'
बाइस-ए-इज़्तराब[4] होना था

---

1. बेपर्दा 2. जुदाई 3. बेचैनी की हालत 4. बेचैनी का कारण।

(7)

वह कुछ दोशीज़गान-ए-नाज़ परवर[1]
खड़ी हैं इक बिसाती की दुकां पर

नज़र के सामने है एक महशर
और इक महशर है मेरे दिल के अन्दर

वह रुख़सारों पे हल्की-हल्की सुर्ख़ी
लबों पर परफ़िशाँ[2] रूह-ऐ-गुले तर

वह ख़ुश्बू आ रही है पैरहन से
फ़िज़ाँ है दूर तक जिस से मुअत्तर[3]

निशात[4]-ए-रंगो बू से चूर आँखें
शराब-ए-नाब से लबरेज़ साग़र

ख़िराम[5]-ए-नाज़ से नग़में जगाती
वह चल दीं एक जानिब मुस्कुराकर

किसी की हसरतें पामाल[6] करती
किसी की हसरतें हमराह लेकर

इधर हमने इक आह-ए-सर्द खेंची
हँसी फिर आ गई अपने किये पर

---

1. जवान लड़कियाँ गाज़-ओ-अदा के साथ 2. गुलाब के फूल जैसी सुर्ख़ी 3. ख़ुशबूदार 4. ख़ुशी 5. बड़ी अदा की चाल 6. मिटाना।

(8)

कमाल-ए-इश्क़[1] है दीवाना हो गया हूँ मैं
यह किसके हाथ से दामन छुड़ा रहा हूँ मैं

तुम्हीं तो हो जिसे कहती है नाख़ुदा[2] दुनिया
बचा सको तो बचा लो, कि डूबता हूँ मैं

यह मेरे इश्क़ की मजबूरियाँ मआज़-अल्लाह[3]
तुम्हारा राज़ तुम्हीं से छुपा रहा हूँ मैं

इस इक हिजाब[4] पे सौ बे-हिजाबियाँ सदक़े
जहाँ से चाहता हूँ तुमको, देखता हूँ मैं

बताने वाले वहीं पर बताते हैं मंज़िल
हज़ार बार जहाँ से गुजर चुका हूँ मैं

कभी यह ज़ॉम कि तू मुझसे छुप नहीं सकता
कभी यह वहम कि ख़ुद भी छुपा हुआ हूँ मैं

मुझे सुने न कोई मस्त-ए-बादा-ए-इशरत[5]
'मजाज़' टूटे हुए दिल की इक सदा हूँ मैं

---

1. इश्क़ के कमाल तक पहुँचना 2. कश्ती खेने वाला 3. अल्लाह की पनाह 4. पर्दा 5. इशरत की शराब में मस्त।

(9)

सारा आलम गोश-बर-आवाज़[1] है
आज किन हाथों में दिल का साज़[2] है

तू जहाँ है ज़मज़मा परवाज़ है
दिल जहाँ है गोश-बर-आवाज़ है

हाँ ज़रा जुरअत दिखा ऐ जज़्बे-दिल
हुस्न को पर्दे पे अपने नाज़ है

हम नशीं दिल की हकीकत क्या कहूँ
सोज़ में डूबा हुआ इक साज़ है

आपकी मख़मूर[3] आँखों की क़सम
मेरी मयरव्वारी अभी तक राज़ है

हँस दिये वह मेरे रोने पर मगर
उनके हँस देने में भी एक राज़ है

हुस्न को नाहक़ पशेमाँ[4] कर दिया
ऐ जुनूँ यह भी कोई अन्दाज़ है

सारी महफ़िल जिस पे झूम उठ्ठी 'मजाज़'
वह तो आवाज़-ए-शिकस्त-ए-साज़ है

---

1. आवाज़ की ओर कान लगाए हुए है 2. गीत 3. नशे में भरा हुआ 4. शर्मिन्दा।

(10)

मैंने हंगाम-ए-सब्हा[1], ऐ-दुनिया
तेरे गुलशन से एक गुल तोड़ा

अपने सीने पे दी जगह उसको
चुभ गया दिल में लेकिन इक काँटा

शाम होते ही मैंने यह देखा
गुल था पजमुर्दा[2] दर्द बाक़ी था

हुस्न-ओ-ख़शबू में इक से इक बढ़कर
और भी होंगे तुझमें गुल पैदा

मेरी गुलचीनियों[3] का वक्त मगर
एक मुद्दत हुई कि खत्म हुआ

और अब जबकि रात तारी है
गुल नहीं पास दर्द बाक़ी है

---

1. सुबह की घमा घमी 2. टटा हुआ दिल 3. ख़ुशआहंग बातें 4. फैली हुई।

(11)

यह मेरी दुनिया यह मेरी हस्ती[1]
नग़मा तराज़ी सहबा परसती

शायर की दुनिया, शायर की हस्ती
था नाला-ए-ग़म[2] या शोर-ए-मस्ती

सबसे गुरेजाँ, सब पर बरसती
आँखों की मस्ती मँहगी न सस्ती

या ख़ुल्द-ओ-साक़ी, ऐ जज़्ब-ए-मस्ती
या टुकड़े-टुकड़े दामान-ए-हस्ती

महव-ए-सफ़र हूँ, गर्म-ए-सफर हूँ
मेरा नज़र में रफ़अत[3] न पस्ती

इन अखड़ियों का आलम न पूछो
सहबा ही सहबा, मरती ही मस्ती

वह आ भी जाते, वह हो भी जाते
चश्म-ए-तमन्ना[4] फिर भी तरसती

उनका करम है उनकी मुहब्बत
क्या मेरे नग़मे, क्या मेरी हस्ती

---

1. जिन्दगी 2. गीत 3. बुलन्दी 4. तमन्ना और आरज़ू की आँखों में झलक।

(12)

सीने में उनके जलवे छुपाये हुए तो हैं
हम अपने दिल को-तूर[1] बनाए हुए तो हैं

तासीर-ए-जज़्ब-ए-शौक़ दिखाये हुए तो हैं
हम तेरा हर हिजाब[2] उठाये हुये तो हैं

हाँ क्या हुआ वह हौसला-ए-दीद[3] अहल-ए-दिल
देखो ना वह नक़ाब उठाये हुए तो हैं

तेरे गुनाहगार गुनाहगार ही सही
तेरे करम की आस लगाये हुए तो हैं

यूँ तुझको इख़्त्यार है तासीर दे न दे
दसत-ए-दुआ[4] हम आज उठाये हुए तो हैं

ज़िक्र उनका गर जबाँ पे नहीं है तो क्या हुआ
अब तक नफ़स-नफ़स में समाये हुए तो हैं

मिटते हुओं को देख के क्यूँ रो न दे 'मजाज़'
आख़िर किसी के हम भी मिटाये हुए तो हैं

---

1. पहाड़ का नाम 2. पर्दा 3. देखने का शौक़ 4. दुआ के लिये हाथ उठाना।

(13)

ऐश से बे-नियाज़ हैं हम लोग
बे-ख़ुद-ए-सोज़-ओ-साज़ हैं हम लोग

जिस तरह चाहे छेड़ दे हमको
तेरे हाथों में साज़ हैं हम लोग

बे-सबब इलतिफ़ात[1] क्या मानी
कुछ तो ऐ चश्म-ए-नाज़ हैं हम लोग

महफिल-ए-सोज़-ओ-साज़ है दुनिया
हासिल-ए-सोज़-ओ-साज़ हैं हम लोग

कोई इस राज़ से नहीं वाक़िफ़
क्यूँ सरापा-न्याज़[2] हैं हम लोग

हमको रुसवा[3] न कर ज़माने में
बस कि तेरा ही राज़ हैं हम लोग

सब इसी इश्क़ के करिश्मे हैं
वरना क्या ऐ 'मजाज़' हैं, हम लोग

---

1. मुहब्बत होना और ख़्याल करना 2. सर से पैर तक मुहब्बत में डूबे हुए 3. शर्मिन्दा

(14)

देखना जज़्बे मुहब्बत का असर आज की रात
मेरे शाने पे है उस शोख़ का सर आज की रात

और क्या चाहिये अब ऐ दिले मजरूह[1] तुझे!
उसने देखा तो बअन्दाज़-ए-दिगर[2] आज की रात

फल क्या ख़ार भी हैं आज गुलिसताँ बकिनार
संगरेज़े हैं निगाहों में गुहर[3] आज की रात

नर ही नर है किस सम्त[3] उठाऊँ आंखें
हुस्न ही हुस्न है ता हद-ए-नज़र आज की रात

नरगिस-ए-नाज में वह नीन्द का हल्का-सा ख़ुमार
वह मिरे नग़मा-ए-शीरी का असर आज की रात

नग़मा-ओ-मय का यह तूफ़ान-ए-तरब क्या कहिये!
घर मिरा बन गया ख़य्याम का घर आज की रात

उनके अलताफ़ का इतना ही फुसूँ[4] काफ़ी है
कम है पहले से बहुत दर्द-ए-जिगर आज की रात!

---

1. जख़मी 2. दूसरे तरीक़े से 3. मोती 4. जादू।

(15)

ख़ुद दिल में रह के आँख से पर्दा करे कोई
हां लुत्फ़ जब है पाके भी ढूँढ़ा करे कोई

तुमने तो हुक्म-ए-तर्क-ए-तमन्ना सुना दिया
किस दिल से आह तर्क-ए-तमन्जा करे कोई

दुनिया लरज़ गई दिल-ए-हिरमाँ-नसीब[1] की
इस तरह साज़-ए-ऐश न छेड़ा करे कोई

मुझको यह आरज़ू वह उठायें नक़ाब खुद
उनको यह इन्तिज़ार तक़ाज़ा करे कोई

रंगीनी-ए-नक़ाब में गुम हो गई नज़र
क्या बे-हिजाबियों[2] का तक़ाज़ा करे कोई

या तो किसी को जुरअत-ए-दीदार ही न हो
या फिर मिरी निगाह से देखा करे कोई

होती है इसमें हुस्न की तौहीन ऐ 'मजाज़'
इतना न अहले-इश्क़ को रुसवा[3] करे कोई।

---

1. किस्मत के मारे हुए 2. बेपर्दिगी 3. बदनाम

(16)

दैर-ओ-काबा का मैं नहीं क़ायल
दैर-ओ-काबा को आसताँ न बना

मुझ में तू रूह-ए-सरमदी मत फूँक
रौनक-ए-बज़्म[1]-ए-दिलबराँ[2] न बना

माहो-अन्जुम से मुझको क्या निसबत
मुझको इनका मिज़ाजदाँ न बना

जिसको अपनी ख़बर नहीं रहती
उसको सालार-ए-कारवाँ न बना

इस ज़मीं को ज़मीं ही रहने दे
इस ज़मीं को तू आसमाँ न बना

राज़ तेरा छुपा नहीं सकता
तू मुझे अपना राज़दाँ न बना।

---

1. महफ़िल 2. अल्लावाले

(17)

कुछ तुझको ख़बर है हम क्या-क्या ऐ शोरिशे-दौराँ[1] भूल गए
वह ज़ुल्फ़े-परीशां भूल गये, वह दीदा-ए-गिरयाँ[2] भूल गए

ऐ शौक़े-नज़ारा क्या कहिये, नजरों में कोई सूरत ही नहीं
ऐ जौक़े-तसव्वुर क्या कीजे, हम सूरते-जानाँ[3] भूल गए

अब गुल से नज़र मिलती ही नहीं, अब दिल की कली खिलती ही नहीं
ऐ फ़स्ले-बहाराँ रुख़सत ही, हम लुत्फ़े-बहाराँ भूल गए

सब का तो मदावा[4] कर डाला अपना ही मदावा कर न सके
सब के तो गरीबाँ सी डाले, अपना ही गरीबाँ भूल गए

यह अपनी वफ़ा का आलम है, अब उनकी जफ़ा को क्या कहिये
इक नश्तर ज़हर-आगीं[5] रखकर, नज़दीके-रगे-जाँ भूल गये

---

1. ज़माने की बेचैनी और तक़ाज़ा 2. रोने वाली आँखें 3. महबूब की सूरत 4. इलाज 5. जहर से भरा हुआ।

(18)

इक मजमा-ए-रंगी में वह घबराई हुई सी
बैठी है अजब नाज़ से शर्माई हुई सी
आँखों में हया लब पे हँसी आई हुई सी

लहरें सी वह लेता हुआ एक फूल सा सेहरा
सेहरे में झमकता हुआ इक चाँद सा चेहरा
इक रंग-सा रुख पर कभी हल्का कभी गेहरा

सरशार निगाहों में हया झूम रही है
हैं रक्स में अफ़लाक ज़मीं घूम रही है
शायर की वफ़ा बढ़ के कदम चूम रही है

ऐ तू कि तेरे दम से मिरी ज़मज़मा[1] ख़्वानी
हो तुझको मुबारक यह तिरी नूर-जहानी
अफ़कार[2] से महफ़ूज रहे तेरी जवानी

छलके तिरी आँखों से शराब और ज्यादा
महकें तिरे आरिज़[3] के गुलाब और ज़्यादा
अल्लाह करे ज़ोर-ए-शबाब और ज़्यादा!

---

1. शेरो-शायरी 2. दुनिया की चिन्ताएँ 3. गाल।

(19)

बस्ती से थोड़ी दर चटानों के दरमियाँ
ठहरा हुआ है ख़ाना बदोशों का कारवाँ

उनकी कहीं ज़मीन न उनका कहीं मकाँ
फिरते हैं यूँ ही शाम-ओ-सहर जेर-ए-आसमाँ

धूप और अब-ओ-बाद के मारे हुए ग़रीब
यह वह हैं लोग जिनको गुलामी नहीं नसीब

इस कारवाँ में तिफ़्ल भी हैं नौजवाँ भी हैं
बूढ़े भी है, मरीज़ भी हैं. नातवाँ[1] भी हैं

मैले फटे लिबास में कुछ देवियाँ भी हैं
सब ज़िन्दगी से तंग भी हैं, सरगराँ[2] भी हैं

बेज़ार ज़िन्दगी से हैं पीर-ओ[3] जवाँ सभी
अलताफ़-ए-शहरयार के हैं, नौहा-ख्वाँ[4] सभी

---

1. कमजोर 2. कान में लगे हुए हैं 3. बूढ़े लोग 4 गीत ग़म के गाने वाले।

(20)

अपने दिल को दोनों आलम से उठा सकता हूँ मैं
क्या समझती हो कि तुमको भी भुला सकता हूँ मैं

कौन तुमसे छीन सकता है, मुझे क्या वहम है
ख़ुद ज़ुलैख़ा[1] से भी तो दामन बचा सकता हूँ मैं

दिल में तुम पैदा करो पहले मिरी सी जुरअतें[2]
और फिर देखो कि तुमको क्या बना सकता हूँ मैं

दफ़्न कर सकता हूँ सीने में, तुम्हारे राज़ को
और तुम चाहो तो अफ़साना बना सकता हूँ मैं

तुम समझती हो कि हैं पर्दे बहुत से दरमियाँ
मैं यह कहता हूँ कि हर पर्दा उठा सकता हूँ मैं

तुम कि बन सकती हो हर महफ़िल में फिरदौसे-नज़र[3]
मुझको यह दवा कि हर महफ़िल पे छा सकता हूँ मैं

आओ मिलकर इनकलाब-ए-ताज़ा तर[4] पैदा करें!
दहर[5] पर इस तरह छा जाएं कि सब देखा करें

---

1. मिस्र की एक अति सुन्दर स्त्री का नाम 2. हौसलामन्दी 3. निगाहों की जन्नत 4. बिलकुल नया 5. ज़माना

(21)

महवशों[1] का तरब-अंगेज़[2] तबस्सुम क्या है
है तो सब कुछ यह मगर ख़्वाब असर क्यों हो जाए
हुस्न को जलवा गह-ए-नाज़ का अफसूँ[3] तसलीम
यही क़ुरबाँ गिह-ए-अरबाब-ए-नज़र क्यों हो जाए

मैंने सोचा था कि दुशवार है मंज़िल अपनी
इक हँसीं बा-ज़ूए-सीमीं का सहारा भी तो हो
दश्त-ए-ज़ुलमात[4] से आख़िर को गुज़रना है मुझे
कोई रख़शिन्दा[5]-ओ-ताबिन्दा सितारा भी तो हो

आग को किसने गुलिसताँ न बनाना चाहा
जल बुझे कितने ख़लील आग गुलिसताँ न बनी
टूट जाना दर-ए-ज़िन्दाँ[6] का तो दुशवार न था
ख़ुद ज़ुलैख़ा[7] ही रफ़ीक-ए-मह-ए-कनआँ न बनी

---

1. ख़ूबसूरत जवान लड़कियाँ 2. मिठास से भरा हुआ 3 जादू 4. अँधेरे के जंगल 5. चमकता हुआ 6. क़ैदखाना 7. मिस्र की एक अति सुन्दर स्त्री का नाम

(22)

मैं आहें भर नहीं सकता कि नग़में गा नहीं सकता
सुकूं लेकिन मिरे दिल को मयस्सर आ नहीं सकता

कोई नग़में[1] तो क्या अब मुझ से मेरा साज़ भी ले ले
जो गाना चाहता हूँ आह वह मैं गा नहीं सकता

मता-ए[2]-सोज़-ओ-साज़-ए-ज़िन्दगी पैमाना-ओ-बरबत
मैं ख़ुद को इन खिलौनों से भी अब बहला नहीं सकता

न तूफ़ाँ रोक सकते हैं न आन्धी रोक सकती है
मगर फिर भी मैं इस क़स्र-ए-हँसी[3] तक जा नहीं सकता

वह मुझको चाहती है और मुझ तक आ नहीं सकती
मैं उसको पूजता हूँ और उसको पा नहीं सकता

यह मजबूरी सी मजबूरी यह लाचारी सी लाचारी
कि उसके गीत भी जी खोलकर मैं गा नहीं सकता

हदें वह खेंच रखी हैं हरम के पासबानों[4] ने
कि बिन मुजरिम बने पैगाम भी पहुँचा नहीं सकता

---

1. गीत 2. दौलत 3. खूबसूरत महल 4. हिफ़ाज़त करने वाले।

(23)

वह नौख़ेज़ नूरा वह इक बिन्त-ए-मरयम[1]
वह मुख़मूर आँखें वह गेसू-ए-पुर ख़म[2]

वह इक नर्स थी चारागर जिसको कहिये
मदावा-ए-दर्द-ए-जिगर जिसको कहिये

जवानी से तिफ़ली[3] गले मिल रही थी
हवा चल रही थी, कली खिल रही थी

वह पुर रोब तैवर वह शादाब चेहरा
मताए जवानी[4] पे फ़ितरत का पहरा

सफ़ेद और शफ़्फ़ाफ़ कपड़े पहनकर
मिरे पास आती थी इक हूर बनकर

दवा अपने हाथों से मुझको पिलाती
"अब अच्छे हो" हर रोज़ मुज़दा[5] सुनाती

नहीं जानती है मिरा नाम तक वह
मगर भेज देती है पैग़ाम तक वह

यह पैग़ाम आते ही रहते हैं अक्सर
कि किस रोज़ आओगे बीमार होकर

---

1. मरयम की बेटी 2. घुंघराले बाल 3. बचपन 4. जवानी की दौलत 5. समाचार

(24)

सरशारे निगाहे-नरगिस[1] हूँ, पाबसता[2]-ए-गेसू- ए-सुंबुल हूँ
यह मेरा चमन है मेरा चमन मैं अपने चमन का बुलबुल हूँ

हर आन यहाँ सहबा-ए-कुहन[3] एक सागर-ए-नौ में ढलती है
कलियों से हुस्न टपकता है फूलों से जवानी उबलती है

जो ताक़-ए-हरम में रौशन है वह शमा यहाँ भी जलती है
इस दश्त[4] के गोशे-गोशे[5] से इक जू-ए-हयात[6] उबलती है

इस्लाम के इस बुतखाने में असनाम भी है और आज़र भी
तहज़ीब के इस मयख़ाने में, शमशीर भी है और साग़र भी

याँ हुस्न की बर्क़ चमकती है, याँ नर की बारिश होती है
हर आह यहाँ इक नग़मा है, हर अश्क यहाँ इक मोती है

हर शाम है शामे-मिस्र यहाँ, हर शब है शबे-शीराज़ यहाँ
है सारे जहाँ का सोज़ यहाँ और सारे जहाँ का साज़ यहाँ

यह दश्ते-जुनूँ दीवानों का, यह बज़्मे-वफ़ा परवानों की
यह शहरे-तरब रुमानों का, यह खुलदे-बरीं अरमानों की

---

1. नरगिस की आँखों में डूबा हुआ 2. पैरों में बेड़ियाँ 3. पुरानी शराब 4. जंगल 5. कोने-कोने में 6. ज़िन्दगी

(25)

उसने जब मुझ से कहा गीत इक सुना दो ना
सर्द है फ़िज़ा[1] दिल की, आग तुम लगा दो ना

क्या हसीन तैवर थे, क्या लतीफ़[2] लैहजा था
आरज़ू थी, हसरत थी, हुक्म था, तक़ाज़ा था

गुनगुना के मसती में साज़ ले लिया मैंने
छेड़ ही दिया आख़िर नग़म-ए-वफ़ा मैंने

यास का धुआँ उठा हर नवा-ए-ख़सता से
आह की सदा निकली बरबत-ए-शिकसता से[3]

---

1. हालत 2. अच्छा 3. टूटा हुआ बाजा

(26)

मुसाफिर यूंही गीत गाए चला जा
सर-ए-रहगुज़र[1] कुछ सुनाए चला जा

तिरी ज़िन्दगी सोज़-ओ-साज़-ए-मुहब्बत
हँसाए चला जा रुलाए चला जा

तिरे ज़मज़मे हैं ख़ुनक भी तपाँ भी
लगाए चला जा बुझाए चला जा

कोई लाख रोके कोई लाख टोके
क़दम अपने आगे बढ़ाए चला जा

हँसीं भी तुझे रास्ते में मिलेंगे
नज़र मत मिला मुस्कुराए चला जा

मुहब्बत के नक्शे तमन्ना के ख़ाके
बनाए चला जा मिटाए चला जा

क़दामत हदें खेंचती ही रहेगी
क़दामत[2] की बुनियाद ढाए चला जा

क़सम शौक़ की फ़ितरत-ए-मुज़तरिब की
यूंही नित नई धुन में गाए चला जा

जो परचम उठा ही लिया सरकशी का
उसे आसमाँ तक उठाए चला जा

---

1. रास्ता चलते 2. पुराने ख़्यालात।

(27)

बरबादे तमन्ना पे अताब[1] और ज़्यादा
हाँ मेरी मुहब्बत का जवाब और ज़्यादा

रोएँ न अभी अहल-ए-नज़र हाल पे मेरे
होना है अभी मुझको ख़राब और ज़्यादा

आवारा-व-मजनूँ ही पे मौक़ूफ़[2] नहीं कुछ
मिलनें हैं अभी मुझको ख़िताब और ज़्यादा

उट्ठेंगे अभी और भी तूफ़ाँ मिरे दिल से
देखूँगा अभी इश्क़ के मैं ख़वाब और ज़्यादा

टपकेगा लहू और मिरे दीदा-ए-तर से
धड़केगा दिल-ए-ख़ाना ख़राब और ज़्यादा

होगी मेरी बातों से उन्हें और भी हैरत
आएगा उन्हें मुझसे हिजाब[3] और ज़्यादा

ऐ मुतरिब-ए-बेबाक[4] कोई और भी नग़मा
ऐ साक़ी-ए-फ़य्याज़[5] शराब और ज़्यादा

---

1. गुस्सा 2. मुनहसर 3. पर्दा 4. बिना झिझक गानेवाला 5. दिलवाला साक़ी

(28)

यह जाकर कोई बज़्मे-ख़ूबाँ[1] में कह दो
कि अब दर-खुरे-बज़्मे-ख़ूबाँ[2] नहीं मैं

मुबारक तुम्हें क़सर-ओ-ऐवाँ तुम्हारे
वह दिलदादा-ए-क़सर-ओ-ऐवाँ नहीं मैं

जवानी भी सरकश, मुहब्बत भी सरकश
वह ज़िनदानी-ए-जुलफ-ए-पेचाँ नहीं मैं

तड़प मेरी फ़ितरत, तड़पता हूँ लेकिन
वह ज़ख़्मी-ए-पैमान-ए-मिज़गाँ नहीं मैं

धड़कता है दिल अब भी रातों को लेकिन
वह नौहा गर-ए-दर्द-ए-हिजराँ नहीं मैं

बई तिशनाकामी[3], बई तल्ख़कामी[4]
रहीन-ए-लब-ए-शकर[5] अफ़शाँ नहीं मैं

शराब-ओ-शबिस्ताँ का मारा हूँ लेकिन
वह ग़रक़े शराब-ओ-शबिस्ताँ नहीं मैं

क़सम नुत्क़ की शोला अफ़शानियों की
कि शायर तो हूँ, अब ग़ज़लख़्वाँ नहीं मैं

---

1. महबूब की महफ़िल 2. महबूब के दर का भिख़ारी 3. प्यास 4. कड़ुआ नाकाम तज़ुर्बा 5. मिठास का आदी।

(29)

मुझसे मत पूछ मेरे हुस्न में क्या रक्खा है
आँख से पर्दा-ए-ज़ुलमात[1] उठा रक्खा है

मेरी दुनिया कि मेरे ग़म से जहन्नुम बरदोश[2]
तूने दुनिया को भी फ़िरदौस बना रक्खा है

मुझसे मत पूं तिरे इश्क़ में क्या रक्खा है
सोज़[3] को साज़[4] के पर्दे में छिपा रक्खा है

जगमगा उठती है दुनिया-ए-तख़य्युल[5] जिससे
दिल में वह शोला-ए-जाँसोज़[6] दबा रक्खा है

1. अँधेरे 2. कान्धे पर 3. जलन 4. गीत 5. ख़्याल 6. दिल की जलन।

(30)

मेरे पहलू-ब-पहलू[1] जब वह चलती थी गुलिसतां में
फराज़[2]-ए-आसमाँ पर कहकशाँ हसरत से तकती थी

मुहब्बत जब चमक उठती थी उसकी चश्म-ए-ख़न्दाँ[3] में
ख़ुमिसतान-ए-फ़लक से नर की सहबा छलकती[4] थी

मिरे बाजू पे जब वह जुल्फ़-ए-शबगूँ[5] खोल देती थी
ज़माना निकहत-ए-ख़ुलद-ए-बरीं में डूब जाता था

मिरे शाने पे जब सर रख के ठंडी साँस लेती थी
मेरी दुनियाँ में सोज़-ओ-साज़ का तूफान आता था

वह मेरा शेर जब मेरी ही लै में गुनगुनाती थी
मनाज़िर झूमते थे बाम-ओ-दर को वज्द[6] आता था

---

1. साथ-साथ 2. बुलन्दी 3. हंसती आँखें 4. रौशनी 5. सियाह, काले 6. झूमना।

(31)

इज़्न-ए-ख़िराम[1] लेते हुए आसमाँ से हम
हटकर चले हैं रहगुज़र-ए-कारवाँ से हम

क्या पूछते हो झूमते आए कहाँ से हम
पीकर उठे हैं ख़ुमकदा[2]-ए-आसमाँ से हम

क्यूँ कर हुआ है फ़ाश ज़माने पे क्या कहें
वह राज़-ए-दिल जो कह न सके राज़दाँ से हम

हमदम यही है रहगुज़र-ए-यार-ए-खुश-ख़िराम[3]
गुज़रे हैं लाख बार इसी कहकशाँ से हम

क्या-क्या हुआ है हमसे जुनूँ में न पूछिये
उलझे कभी जमीं से कभी आसमाँ से हम

बख़्शी हैं हमको इश्क ने वह जुरअतें 'मजाज़'
डरते नहीं सियासत-ए-अहल-ए-जहाँ से हम

---

1. चलने की इजाज़त 2. आसमाँ की शराब 3. अच्छी चाल वाला।

(32)

मिरी वफ़ा का तिरा लुत्फ़ भी जवाब नहीं
मिरे शबाब की क़ीमत तिरा शबाब नहीं

यह माहताब नहीं है कि आफ़ताब नहीं
सभी है हुस्न मगर, इश्क़ का जवाब नहीं

मेरी निगाह में जलवे हैं जलवे ही जलवे
यहाँ हिजाब नहीं है यहाँ नक़ाब नहीं

जुनूँ भी हद से सिवा शौक़ भी है हद-से सिवा
यह बात क्या है कि मैं मूरिद-ए-अताब[1] नहीं

यहाँ तो हुस्न का दिल भी है ग़म से सद-पारा[2]
मैं कामयाब नहीं वह भी कामयाब नहीं

'मजाज़' किसको मैं समझाऊँ कोई क्या समझे
कि कामयाब-ए-मुहब्बत भी कामयाब नहीं

---

1. सज़ा का मुसतहक़ 2. सौ टुकड़ों में।

(33)

मुझे जाना है इक दिन तेरी बज़्म-ए-नाज़ से आख़िर
अभी फिर दर्द टपकेगा मेरी आवाज़ से आख़िर

अभी फिर जाग उठेगी शिकसता-साज़[1] से आख़िर
मुझे जाना है इक दिन तेरी बज़्म-ए-नाज़ से आख़िर

अभी तो हुस्न के पैरों पे है जब-ए-हिना बन्दी
अभी है इश्क़ पर आईन-ए-फ़रसूदा[2] की पाबन्दी

अभी हावी है अक़्ल-ओ-रूह पर झूठी ख़ुदाबन्दी
मुझे जाना है इक दिन तेरी बज़्म-ए-नाज़ से आख़िर

अभी तहज़ीब अदल-ओ-हक की करती खे नहीं सकती
अभी यह ज़िन्दगी दाद-ए-सदाक़त[3] दे नहीं सकती

अभी इन्सानियत दौलत से टक्कर ले नहीं सकती
मुझे जाना है इक दिन तेरी बज़्म-ए-नाज़ से आख़िर

---

1. टूटा बाजा 2. पुराना कानून 3. सच्चाई की तारीफ़।

(34)

साज़गार है हमदम[1] इन दिनों जहाँ अपना
इश्क़ शादमाँ अपना शौक कामराँ[2] अपना

आहे-बेअसर किसकी नाला-ए-नारसा किसका
काम बारहा आया जज़्बा-ए-निहाँ[3] अपना

कब किया था इस दिल पर हुस्न ने करम इतना
मेहरबाँ और इस दर्जा कब था आसमाँ अपना

उलझनों से घबराए मयकदे में दर आए
किस क़दर तन आसाँ है जौक़े-रायगाँ[4] अपना

कुछ न पूछ ऐ हमदम इन दिनों मिरा आलम
मुतरिबे-हँसी अपना साकी-ए-जवाँ अपना

इश्क़ और रुसवाई कौन-सी नई शै है
इश्क़ तो अज़ल से था रुसवा-ए-जहाँ अपना

तुम 'मजाज़' दीवाने मसलेहत से बेगाने
वरना हम बना लेते तुमको राज़दाँ अपना

---

1. साथी 2. कामयाब 3. छिपा हुआ जज़्बा 4. बेकार।

(35)

ख़ुद को बहलाना था आख़िर ख़ुद को बहलाता रहा
मैं बई-सोज़-ए-दरूं? हंसता रहा गाता रहा

मुझको एहसास-ए-फ़रेब-ए-रगो-ओ-बू होता रहा
मैं मगर फिर भी फ़रेब-ए-रगो-ओ-बू खाता रहा

मेरी दुनिया-ए-वफ़ा में क्या-से-क्या होने लगा
डक दरीचा बन्द मुझ पर एक वा[1] होने लगा

इक निगाह-ए-नाज़ की फिरने लगीं आँखें 'मजाज़'
इक बुत-ए-काफ़िर का दिल दर्द-आशना[2] होने लगा।

1. खुलना 2. दर्द से वाक़िफ़ होना।

(36)

कौन मेरे सपने में आकर रह-रह कर मुसकाए
अमृत रस बरसाए
मन की कली खिल जाए

कौन मेरे सपने में आकर रह-रहकर मुसकाए
कौन यकायक सामने आकर नैन से नैन मिलाए
और कभी छिप जाए
छिप-छिप कर ललचाए

कौन मेरे सपने में आकर रह-रहकर मुसकाए
जीवन के आकाश पे चमके रह-रहकर मुसकाए
सुन्दर रौशन न्यारा
मन में जोत जगाए

कौन मेरे सपने में आकर रह-रहकर मुसकाए
शोख़, सजीला[1], रसीला, चंचल छेड़ करे तड़पाए
मैं रुठूँ वह मनाए
बहलाकर समझाए
कौन मेरे सपने में आकर रह-रह कर मुसकाए

---

1. दिल को भाने वाला

(37)

साक़ी-ए-गुलफ़ाम[1] बा सद एहतिमाम आ ही गया
नग़मा बर लब, खुम बसर, बादा बजाम[2] आ ही गया

अपनी नज़रों में निशात-ए-जलवा-ए-ख़ूबां[3] लिए
खिलवती-ए-ख़ास सए-बज़्म-ए-आम आ ही गया

मेरी दुनिया जगमगा उठ्ठी किसी के नर से
मेरे गरदूँ पर मिरा माह-ए-तमाम आ ही गया

झूम-झूम उठ्ठे शजर कलियों ने आँखें खोल दीं
जानिब-ए-गुलशन कोई मस्त-ए-ख़िराम[4] आ ही गया

फिर किसी के सामने चश्म-ए-तमन्ना झुक गई
शौक़ की शोख़ी में रंग-ए-एहतिराम आ ही गया

---

1. शायर का महबूब 2. प्याला और सुराही लेकर 3. खूबसूरत महबूबों का दीदार 4. मस्त चाल।

(38)

मेरी शब अब मेरी शब है मेरा बादा मेरा जाम[1]
वह मिरा सर्वे खाँ माह-ए-तमाम आ ही गया

बारहा ऐसा हुआ है याद तक दिल में न थी
बारहा मस्ती में लब पर उनका नाम आ ही गया

ज़िन्दगी के ख़ाका-ए-सादा को रँगी कर दिया
हुस्न काम आए-न-आए इश्क़ काम आ ही गया

खुल गई थी साफ़ गरदूँ[2] की हकीकत ऐ 'मजाज़'
ख़ैरियत गुज़री कि शाहीं ज़ेर-ए-दाम[3] आ ही गया!

---

1. शराब और प्याला 2. आसमान की असलियत 3. जाल के अन्दर

(39)

अब तुम मिरे पास आई हो तो क्या आई हो?

मैंने माना कि तुम इक पैकर-ए-रानाई[1] हो
चमन-ए-दहर में रुह-ए-चमन आराई हो

तलअत-ए-महर हो, फ़िरदौस की बरनाई[2] हो
बिन्ते महताब हो गरदूँ[3] से उतर आई हो

मुझसे मिलने में अब अन्देशा-ए-रुसवाई है
मैंने ख़ुद अपने किये की यह सज़ा पाई है

ख़ाक में आह मिलाई है जवानी मैंने
शोला ज़ारों में जलाई है जवानी मैंने

शहर-ए-ख़ूबाँ में गवाई है जवानी मैंने
ख़्वाबगाहों में जगाई है जवानी मैंने

---

1. ख़ूबसूरत शरीर वाली 2. सुन्दरता 3. आसमान।

(40)

शौक़ के हाथों ऐ दिल-ए-मुज़तर[1] क्या होना है क्या होगा
इश्क़ तो रुसवा[2] हो ही चुका है हुस्न भी क्या रुसवा होगा

हुस्न की बज़्म-ए-ख़ास में जाकर इससे ज्यादा क्या होगा
कोई नया पैमाँ[3] बाँधंगे कोई नया वादा होगा

चारागरी सर आँखों पर इस चारागरी से क्या होगा
दर्द कि अपनी आप दवा है, तुमसे क्या अच्छा होगा

वाइज़-ए-सादा लौह[4] से कह दो छोड़े उक़बा[5] की बातें
इस दुनियाँ में क्या रक्खा है, उस दुनियाँ में क्या होगा

तुम भी 'मजाज' इन्सान हो लाख छुपाओ इश्क़ अपना
ये भेद मगर खुल जाएगा ये राज़ मगर इफ़शा[6] होगा

---

1. बेचैन दिल 2. बदनाम 3. वादा 4. सादा मिज़ाज 5. परलोक 6. ज़ाहिर।

(41)

आसमाँ तक जो नाला[1] पहुँचा है
दिल की गहराइयों से निकला है
मेरी नज़रों में हश्र भी क्या है
मैंने उनका जलाल[2] देखा है
जलवा-ए-तूर ख़्वाब-ए-मूसा है
किसने देखा है किसको देखा है
हाय अन्जाम उस सफ़ीने का
नाख़ुदा ने जिसे डुबोया है
आह क्या दिल में अब लहू भी नहीं
आज अश्कों का रंग फीका है
जब भी आँखें मिली उन आँखों से
दिल ने दिल का मिज़ाज पूछा है
वह जवानी कि थी हरीफ-ए-तरब[3]
आज बरबादे जाम-ओ-सहबा है
कौन उठकर चला मुक़ाबिल से
जिस तरफ देखिये अन्धेरा है
फिर मिरी आँख हो गई नमनाक[4]
फिर किसी ने मिज़ाज पूछा है
सच तो यह है 'मजाज़' की दुनिया
हुस्न और इश्क़ के सिवा क्या है!

---

1. रोने की आवाज़ 2. गुस्सा 3. नाज़ के क़ाबिल 4. भीगी हुई

(42)

इलाहाबाद में हरसू[1] हैं चरचे
कि दिल्ली का शराबी आ गया है

ब-सद-आवारगी[2], बासद तबाही[3]
ब-सद खाना ख़राबी आ गया है

गुलाबी लाओ, छलकाओ लुंढाँओ
कि शैदा-ए-गुलाबी[4] आ गया है

निगाहों में खुमार-ए-बादा[5] लेकर
निगाहों का शराबी आ गया है

वह सरकश, रहज़न-ए-ऐवान-ए-ख़ूबाँ[6]
बा अज़्म-ए-बारयाबी आ गया है

वह रुसवाए जहाँ नाकाम-ए-दौराँ
ब-ज़ॉम-ए-कामयाबी आ गया है

बुताने नाज़ फरमा से यह कह दो
कि इक तुर्क-ए-शहाबी आ गया है

नवा सनजान-ए-संगम को बता दो
हरीफ़-ए-फ़ारयाबी आ गया है

यहाँ के शहर यारों[7] को ख़बर दो
कि मर्द-ए-इनक़लाबी आ गया है

---

1. सभी तरफ 2. आवारगी के साथ 3. तबाही के साथ 4. शराबी 5. शराब का नशा 6. हसीनों के महल का डाकू 7. शहर के साथियों को बताओ।

(43)

कार फरमा फिर मिरा जौक़[1]-ए-ग़ज़लख़्वानी है आज
फिर नफ़स का साज़ गर्म-ए-शोला अफ़शानी है आज

फिर निगाह-ए-शौक़ की गरमी है और रुए-निगार
फिर अरक़ आलद इक काफ़िर की पेशानी है आज

फिर मिरे लब पर क़सीदे हैं लब-ओ-रुख़सार के
फिर किसी चेहरे पे ताबानी-सी-तबानी है आज

हुस्न इस दर्जा निशात[2]-ए-हुस्न में डूबा हुआ
अँखड़ियाँ बे ख़ुद शमीम-ए-ज़ुल्फ़ दीवानी है आज

लरज़िश-ए-लब में शराब-ओ-शेर का तूफान है
जुमबिश-ए-मिज़गाँ[3] में अफ़सून-ए-ग़ज़लख़्वानी है आज

वह नफ़स की ज़मज़मा सनजी[4] नज़र की गुफ़तगू
सीना-ए-मासूम में इक तुरफ़ा तुग़यानी है आज

याँ बई आलम ग़ुरुर-ए-यूसुफ़ीयत भी नहीं
वाँ ज़ुलैख़ाई ब अज़्म-ए-चाकदामानी है आज।

---

1. शौक़ 2. खुशी 3. भवों की हरकत 4. शेर शायरी।

(44)

आज की रात और बाक़ी है

कल तो जाना ही है सफ़र पे मुझे
ज़िन्दगी मुँतज़िर हैं मुँह फाड़े
ज़िन्दगी ख़ाक-ओ-खून में लिथड़ी
आँख में शोला हाय तुँद[1] लिये

दो घड़ी ख़ुद को शादमाँ कर लें
आज की रात और बाक़ी है

चलने ही को है इक समूम[2] अभी
रक़्स फ़रमा है रूह-ए-बरबादी
बरबरीयत[3] के कारखानों से
ज़लज़ले में है सीना-ए-गेती

ज़ौक़-ए-पिनहाँ को काम कर लें
आज की रात और बाक़ी है!

---

1. तेज़ लपट और गुस्सा 2. गरम ज़हरीली हवा 3. जुल्म।

(45)

बोल! अरी ओ धरती बोल!
राज़ सिंघासन[1] डाँवा डोल!

बादल बिजली रैन-अधियारी[2]
दुःख की मारी प्रजा सारी

बूढ़े-बच्चे सब दुखिया हैं
दुखिया नर है दुखिया नारी

बस्ती-बस्ती लूट मची है
सब बनिये हैं सब व्योपारी

बोल! अरी ओ धरती बोल!
राज़ सिंघासन डाँवा डोल!

कलजुग[3] में जुग के रखवाले
चाँदी वाले सोने वाले

देसी हों या परदेसी हों
नीले, पीले गोरे, काले

मक्खी भुंगे भुन-भुन करते
ढूँडे हैं मकड़ी के जाले

बोल! अरी ओ धरती बोल!
राज़ सिंघासन डाँवा डोल!

---

1. राजगद्दी 2. अन्धेरी रात 3. बुरा ज़माना।

(46)

आ रही है निराली बहार

जी में जो कुछ है वह कोई कैसे कहे
मेरी रग-रग में नस-नस में मदरा[1] बहे
बज रहे हैं ख़ुशी के सितार
आ रही है निराली बहार

मेरी आशाओं ने आज पहले पहल
हसरतों का बनाया है रँगी महल

कोई खोले है जिसके द्वार[2]
आ रही है निराली बहार

तारे नाचें हवाओं में छागल बजे
मेरी दुनिया सजे और पल-पल सजे

हर तरफ़ इक अनोखा निखार
आ रही है निराली बहार

मेरी दुनिया है क्या जगमगाई हुई
हर तरफ़ ज़िन्दगी मुसकुराई हुई

मन है कैसी खुशी से दोचार
आ रही है निराली बहार!

---

1. शराब 2. दरवाज़े

(47)

क्या कहूँ मैं रात किस महफ़िल में था गर्म-ए-नवा[1]
नग़मा-ओ-निकहत का वह तूफान वह ठंडी हवा

दीदनी था नाज़नीनान-ए-तमद्दुन का हुजूम
बे हक़ीक़त थे निगाहों में महो मेहर-ओ-नुजूम

नाज़ परवर वह हसीं अफ़कार-ए-ग़म से बे-नियाज़
महजबीनान-ए-हरम, क़ैद-ए-हरम से बेनियाज़

जिनकी इक जुंबिश से बुनयाद-ए-हरम मे इरतिआश[2]
जिनकी इक ठोकर से ज़ंजीर-ए-क़दामत[3] पाश-पाश

बन गया था यक-ब-यक फ़िरदौस-ए-कैफ़ो-इनबिसात[4]
एक देरीना करम फ़रमा का ऐवान-ए-निशात

नर्म सोफ़े गोद में फ़िरदौस-ए-रानाई लिए
जुल्फ़ के ख़म मरमरी शानो की बरनाई लिए

वह हसीं पेशानियाँ आईना-ए-तमक़ीन-ए-नाज़
वह रसीली मदभरी आँखें वह मिजगान-ए-दराज़

---

1. जोश से हिस्सा लेना 2. हलचल 3. पुरानी रविश और तरीक़ा 4 खुशी

(48)

वह सुबुक चाँदी से पैकर वह जवानी का निखार
आज़र-ए-फ़ितरत की सन्नाई[1] के ज़िन्दा शाहकार[2]

रुख़ पे शादाबी, लबों में रस तबस्सुम बर्क़पाश
चुस्त पैराहन, नुमायाँ जिस्म-ए-सीमीं[3] की तराश

शोख़ आँखें बाद-ए-गुलगूँ के पैमाने लिए
गेसू-ए-शब रँग पेच-ओ-ख़म में अफ़साने लिए

आह वह हुस्न-ए-मुक़ाबिल वह जमाल-ए-हम नशीं
दामन-ए-मौज-ए-हवा में इक बहिशत-ए-अमबरीं

इक तरफ़ सहरे-मलाहत, इक तरफ अफ़सूने[4]-नाज़
इक तरफ़ ज़ुल्फ़-ए-बुरीदा, इक तरफ ज़ुल्फ़-ए-दराज़

आँचलों की सरसराहट, ज़मज़मे गाती हुई
पैराहन से निकहत-ए-ख़ुल्द-ए-बरी आती हुई

आह वह दोशीज़ा लब, गुलरेज़ लब, गुलनार लब
आह वह लब आशना लब, शोख़ लब ख़ूँबार लब

---

1. बनावट 2. नमूना 3. चाँदी जैसा शरीर 4. जादू लिये हुए

(49)

वह हिजाब आगीं[1] तकल्लुम, वह रसीले क़हक़हे!
वह निशात आगीं[2] तबस्सुम, वह सुरीले क़हक़हे!

क़हक़हे जिन में सबा का राग सय्यारों के गीत
नुक़रई[3] नै की सदा जन्नत के महपारों के गीत

जाम-ए-ज़रीं की ख़ुनक-सी क़ुलक़ुल-ए-मीना के साथ
क़ुदसियों की लै सुरुद-ए-बरबत-ए-ज़ोहरा के साथ

शोख़-ए-लब नाज़ फ़रमा खन्दा-ए[4]-बेबाक पर
नूर-ओ-मौसीक़ी की इक बारिश-सी फ़र्श-ए-ख़ाक पर

गुफ़्तगू कुछ इस सलीक़े से कुछ इस अन्दाज़ से
दिल बचाना सख़्त मुशकिल था कमन्द-ए[5]-नाज़ से

वह लचक-सी जिरम-ए-नाज़ुक में ख़ुद अपने बार से
फूट निकली थीं शुआएँ आरिज़-ओ-रुख़सार से

वह सिमटने की अदा तूफ़ान-ए-रानाई के साथ
जौक-ए-ख़ुदबीनी मज़ाक-ए-बज़्म आराई के साथ

---

1. परदे के साथ 2. खुशी के साथ 3. मीठी आवाज़ 4. खुशी 5. हँसते हुए।

(50)

आरिज़ों पर इक गुलाबीपन सा माथों पर दमक[1]
अँखड़ियों में इक सुरुर-ए-फ़त्ह मन्दी की झलक

बाम-ओ-दर[2] पर इक तबस्सुम सा, फ़िज़ा गुलरँग थी!
जुमबिश-ए-मिजगाँ धड़कते दिल से हम आहँग[3] थी

मेरा नग़मा बाइस-ए-दिलदारी-ए-ख़ूबाँ तो है
मेरा नाला खैर से वजह-ए-निशात-ए-जाँ तो है!

---

1. चमकना 2. छत और दरवाज़े 3. मिली हुई

(51)

ग़ज़ल नहीं यह फिक्र कोई रहबर-ए-कामिल[1] नहीं मिलता
कोई दुनिया में मानस-ए-मिज़ाज-ए-दिल नहीं मिलता

कभी साहिल पे रहकर शौक़, तफ़ानों से टकराएँ
कभी तूफ़ाँ में रह कर फ़िक्र है साहिल नहीं मिलता

यह आना कोई आना है कि बस रसमन चले आए
यह मिलना ख़ाक मिलना है कि दिल से दिल नहीं मिलता

शिकसता पा को मुज़दा[2], खक़्तगान-ए-राह को मुज़दा
कि रहबर को सुराग-ए-जादा-ए-मंज़िल[3] नहीं मिलता

वहाँ कितनो को तख़्त-ओ-ताज का अरमाँ है क्या कहिये
जहां साइल को अकसर कासा-ए-साइल नहीं मिलता

यह क़त्ल-ए-आम और बेइज़्ज क़त्ल-ए-आम क्या कहिये
यह बिसमिल कैसे बिसमिल हैं जिन्हें क़ातिल नहीं मिलता

---

1. सही रासता दिवाने वाला 2. ख़ुशख़बरी 3. मंज़िल का पता

(52)

नहीं हर चंद किसी गुमशुदा[1] जन्नत की तलाश
इक न इक ख़ुल्दें[2] तरबनाक का अरमाँ है जरूर

बज़म-ए-दोशीना की हसरत तो नहीं है मुझको
मेरी नज़रों में कोई और शबिसताँ है ज़रूर

मिट के बरबाद-ए-जहाँ होके सभी कुछ खोके
बात क्या है कि ज़ियाँ[3] का कोई एहसास नहीं

कारफ़रमा है कोई ताज़ए जुनूँ-ए-तामीर
दिल-ए-मुज़तर[4] अभी आमाजग-ह-ए-यास नहीं

ताज़ादम हूँ भी मगर फिर यह तकाजा क्यूँ है
हाथ रख दे मिरे माथे पे कोई ज़ोहरा जबीं

एक आग़ोश-ए-हसीं शौक़ की मेराज़ है क्या
क्या यही है असर-ए-नालआ-ए-दिलहाए हज़ीं

---

1. खोई हुई 2. पुरबहार जन्नत 3. नुकसान 4. बेचैन दिल

(53)

जुनून-ए-शौक़ अब भी कम नहीं है
मगर वह आज भी बरहम नहीं है

बहुत मुश्किल है दुनिया का संवरना
तिरी ज़ुलफ़ों का पेत्तो ख़म नहीं है

बहुत कुछ और भी है इस जहां में
यह दुनिया महज़ ग़म ही ग़म नहीं है

तक़ाज़े क्यूँ करूँ पैहम न साक़ी
किसे यां फ़िक्र-ए-बेशो कम नहीं है

इधर मशकूक है मेरी सदाक़त
उधर भी बदगुमानी कम नहीं है

मेरी बरबादियों का हम नशीनो[1]!
तुम्हें क्या ख़ुद मुझे भी ग़म नहीं है!

अभी बज़्म-ए-तरब[2] से क्या उठूँ मैं
अभी तो आँख भी पुरनम नहीं है

'मजाज़' इक बादा कश तो है यक़ीनन
जो हम सुनते थे वह आलम नहीं है!

---

1. साथ में बैठने वाले 2. खुशी की महफ़िल

(54)

जिगर और दिल को बचाना भी है
नज़र आप ही से मिलाना भी है

मुहब्बत का हर भेद पाना भी है
मगर अपना दामन बचाना भी है

जो दिल तेरे ग़म का निशाना भी है
क़तील-ए-जफ़ा-ए-ज़माना[1] भी है

यह बिजली चमकती है क्यूँ दमबदम
चमन में कोई आशियाना भी है

ख़िरद की इताअत[2] ज़ुरूरी सही
यही तो जुनूँ का ज़माना भी है

न दुनिया न उक़्बा कहाँ जाइए
कहीं अहले-दिल का ठिकाना भी है

मुझे आज साहिल पे रोने भी दो
कि तूफान में मुसकुराना भी है

ज़माने से आगे तो बढ़िये 'मजाज़'
ज़माने को आगे बढ़ाना भी है!

---

1. दुनिया के सितम का शिकार 2. अक़्ल की पैरवी।

(55)

आशक़ी जाँफ़िज़ा भी होती है
और सब आज़मा भी होती है

रुह होती है कैफ़ परवर[1] भी
और दर्द आशना[2] भी होती है

हुस्न को कर न दे यह शर्मिन्दा
इश्क़ से ये खता भी होती है

बन गई रस्म बादा ख़्वारी[3] भी
यह नमाज़ अब क़ज़ा भी होती है

जिसको कहते हैं 'नाला-ए-बरहम[4]'
साज़ में वह सदा भी होती है

क्या बताउँ, 'मजाज़' की दुनिया
कुछ हक़ीक़त नुमा भी होती है!

---

1. खुशी देने वाली 2. दर्द से भरी हुई 3. शराब पीना 4. ग़मो ग़ुस्से का इज़हार

(56)

हुस्न एक कैफ़-ए-जाविदानी[1] है
और जो चीज़ है वह फ़ानी है

हुस्न के दिन भी कैफ़ परवर हैं
हुस्न की रात भी सुहानी है

हुस्न की सुबह इक शिकस्ते-जमील
हुस्न की शाम कामरानी[2] है

यह कुछ अफ़साना-ए-तख़य्युल है
कुछ हक़ीक़त की तरजुमानी है

कुछ तिरे हुस्न का करिश्मा है
कुछ मिरी तबा[3] की खानी है!

1. न मिटने वाली खुशी 2. फतेह 3. तबीयत

(57)

परतव-ए-साग़र-ए-सहबा क्या था
रात एक हश्र सा बरपा[1] क्या था

क्यूँ जवानी की मुझे याद आई
मैंने इक ख़्वाब सा देखा क्या था

हुस्न की आँख भी नमनाक[2] हुई
इश्क़ को आपने समझा क्या था

इश्क़ ने आँख झुकाली वरना
हुस्न और हुस्न का पर्दा क्या था

क्यूँ 'मजाज़' आपने साग़र[3] तोड़ा
आज यह शहर में चरचा क्या था

---

1. छाया हुआ 2. गीली 3. प्याला

(58)

यह जहाँ बारगह-ए-रतल-ए-गिरां है साक़ी
इक जहन्नुम मेरे सीने में तपाँ है साक़ी

जिसने बरबाद किया, माइल-ए-फ़रयाद किया
वह मुहब्बत अभी इस दिल में जवां है साक़ी

एक दिन आदम-ओ-हव्वा भी किये थे पैदा
वह अख़ुव्वत[1] तिरी महफ़िल कहाँ है साक़ी

हर चमन दामन-ए-गुल रँग है ख़ून-ए-दिल से
हर तरफ़ शेवन-ओ-फ़रयाद-ओ-फुगां है साक़ी

माह-ओ-अन्जुम मिरे अशकों से गुहरताब हुए
कहकशाँ नूर की एक जू-ए-खाँ[2] है साक़ी

हुस्न ही हुस्न है जिस सिम्त भी उठती है नज़र
कितना पुर कैफ़ यह मन्ज़र, यह समाँ है साक़ी

मेरे हर लफ़्ज़ में बेताब मिरा सोज़-ए-दरूँ
मेरी हर साँस मुहब्बत का धुआँ है साक़ी!

---

1. मुहब्बत 2. बहती नहर

(59)

हिजाबे नाज़[1] में जलवे छिपाए जाते हैं
जहाँ में अहल-ए-नज़र आजमाए जाते हैं

अभी बहार बहुत दूर है मगर दिल में
जुनून-ए-इश्क़ के आसार पाए जाते हैं

मिटा दिया है मुझे इश्क़ ने 'मजाज' मगर
सताने वाले अभी तक सताए जाते हैं

क्या हुआ मैंने अगर हाथ बढ़ाना चाहा
आपने ख़ुद भी तो दामन न बचाना चाहा

यूँ तो अफ़साना-ए-उलफ़त था अज़ल से रंगीं
हमने कुछ और भी रंगीन बनाना चाहा

मय-ए-गुलफ़ाम[2] भी है साज़े-इशरत भी है साक़ी भी
मगर मुशकिल है आशोब-ए-हक़ीक़त[3] से गुज़र जाना

---

1. पर्दे में रहकर नाज़ो अदा दिखाना 2. लाल शराब 3. हक़ीक़त का इमतेहां

(60)

शहर की रात और मैं नाशादो-नाकारा[1] फिरूं
जग़मगाती जागती सड़कों पे आवारा फिरूं
ग़ैर की बस्ती है, कब तक दर-ब-दर मारा फिरूं
ऐ ग़मे-दिल क्या करूं, ऐ वहशते-दिल क्या करूं !

झिलमिलाते क़ुमक़ुमों[2] की राह में जंजीर सी
रात के हाथों में दिन की मोहनी तस्वीर सी
मेरे सीने पर मगर दहकी हुई शमशीर[3] सी
ऐ ग़मे-दिल क्या करूं, ऐ वहशते-दिल क्या करूं !

ये रुपहली[4] छांव, ये आकाश पर तारों का जाल
जैसे सूफ़ी का तसव्वुर[5], जैसे आशिक़ का ख़याल
आह लेकिन कौन जाने, कौन समझे जी का हाल
ऐ ग़मे-दिल क्या करूं, ऐ वहशते-दिल क्या करूं !

फिर वो टूटा इक सितारा, फिर वो छूटी फुलझड़ी
जाने किसकी गोद में आई ये मोती की लड़ी
हूक-सी सीने में उट्ठी, चोट-सी दिल पर पड़ी
ऐ ग़मे-दिल क्या करूं, ऐ वहशते-दिल क्या करूं !

रात हँस-हँस के ये कहती है कि मैखाने[6] में चल
फिर किसी शहनाज़े-लाला-रुख के[7] काशाने में[8] चल
ये नहीं मुमकिन तो फिर ऐ दोस्त वीराने में चल
ऐ ग़मे-दिल क्या करूं, ऐ वहशते-दिल क्या करूं !

---

1. उदास और बेकार 2. बिजली की बत्तियों की 3. तलवार 4. चाँदी-रंग 5. अनुध्यान 6. मधुशाला 7. गुलाब के फूल-जैसे मुखड़े वाली के 8. मकान में

(61)

हर तरफ़ बिखरी हुई रंगीनियां, रा'नाइयां
हर क़दम पर इश्रतें[1] लेती हुई अंगड़ाइयां
बढ़ रही हैं गोद फैलाए हुए रुसवाइयां
ऐ ग़मे-दिल क्या करूं, ऐ वहशते-दिल क्या करूं !

रास्ते में रुक के दम ले लूं, मिरी आदत नहीं
लौटकर वापस चला जाऊं, मिरी फ़ितरत[2] नहीं
और कोई हमनवा[3] मिल जाए, ये क़िस्मत नहीं
ऐ ग़मे-दिल क्या करूं, ऐ वहशते-दिल क्या करूं !

मुन्तज़िर है एक तूफ़ाने - बला[4] मेरे लिए
अब भी जाने कितने दरवाज़े हैं वाँ[5] मेरे लिए
पर मुसीबत है मिरा अहदे-वफ़ा[6] मेरे लिए
ऐ ग़मे-दिल क्या करूं, ऐ वहशते-दिल क्या करूं !

जी में आता है कि अब अहदे-वफ़ा भी तोड़ दूं
उनको पा सकता हूँ मैं, ये आसरा भी तोड़ दूं
हाँ मुनासिब है, ये ज़ंजीरे-हवा[7] भी तोड़ दूं
ऐ ग़मे-दिल क्या करूं, ऐ वहशते-दिल क्या करूं !

इक महल की आड़ से निकला वो पीला माहताब[8]
जैसे मुल्ला का अमामा[9], जैसे बनिए की किताब
जैसे मुफ़लिस[10] की जवानी, जैसे बेवा का शबाब[11]
ऐ ग़म-दिल क्या करूं, ऐ वहशते-दिल क्या करूं !

दिल में इक शो'ला भड़क उट्ठा है, आख़िर क्या करूं
मेरा पैमाना छलक उट्ठा है, आख़िर क्या करूं
ज़ख्म सीने में महक उट्ठा है, आख़िर क्या करूं
ऐ ग़मे-दिल क्या करूं, ऐ वहशते-दिल क्या करूं !

---

1. सुख-भोग 2. स्वभाव या प्रकृति 3. साथी 4. विपत्तियों का तूफ़ान 5. खुले हुए 6. प्रेम निभाने की प्रतिज्ञा 7. वायु की जंजीर (व्यर्थ की आशा) 8. चाँद 9. पगड़ी 10. निर्धन 11. यौवन

(62)

जी में आता है ये मुर्दा चांद-तारे नोच लूं
इस किनारे नोच लूं और उसे किनारे नोच लूं
एक-दो का ज़िक्र क्या, सारे के सारे नोच लूं
ऐ ग़मे-दिल क्या करूं, ऐ वहशते-दिल क्या करूं !

मुफ़लिसी और ये मज़ाहिर[1] हैं नज़र के सामने
सैकड़ों सुल्ताने - जाबिर[2] हैं नज़र के सामने
सैकड़ों चंगेज़ो - नादिर हैं नज़र के सामने
ऐ ग़मे-दिल क्या करूं, ऐ वहशते-दिल क्या करूं !

लेके इक चंगेज़ के हाथों से ख़ंजर तोड़ दूं
ताज पर उसके दमकता है जो पत्थर तोड़ दूं
कोई तोड़े या न तोड़े मैं ही बढ़कर तोड़ दूं
ऐ ग़मे-दिल क्या करूं, ऐ वहशते-दिल क्या करूं !

बढ़के इस इन्दर-सभा का साजो-सामां फूंक दूं
इसका गुलशन फूंक दूं, उसका शबिस्तां[3] फूंक दूं
तख़्ते-सुल्तां[4] क्या, मैं सारा क़स्रे-सुल्तां[5] फूंक दूं
ऐ ग़मे-दिल क्या करूं, ऐ वहशते-दिल क्या करूं !

---

1. दृश्य 2. अत्याचारी बादशाह 3. शयनागार 4. शाही तख़्त 5. शाही महल

(63)

जवानी की अंधेरी रात है ज़ुल्मत का[1] तूफ़ां है
मिरी राहों से नूरे-माहो-अंजुम[2] तक गुरेज़ां है
ख़ुदा सोया हुआ है, अहरमन[3] महशर-बदामा[4] है
मगर मैं अपनी मंज़िल की तरफ़ बहता ही जाता हूँ

ग़मो-हिरमां[5] की यूरिश[6] है, मसाइब की[7] घटाएं हैं
जुनूं की[8] फ़ित्नाख़ेज़ी[9], हुस्न की खूनी अदाएं हैं
बड़ी पुरज़ोर आंधी है, बड़ी काफ़िर बलाएं हैं
मगर मैं अपनी मंज़िल की तरफ़ बढ़ता ही जाता हूँ

फ़ज़ा में मौत के तारीक[10] साए थरथराते हैं
हवा के सर्द झोंके क़ल्ब पर[11] खंजर चलाते हैं
गुज़श्ता इश्रतों के[12] ख्वाब आईना दिखाते हैं
मगर मैं अपनी मंज़िल की तरफ़ बढ़ता ही जाता हूँ

ज़मीं चीं-बर-जबीं[13] है आस्मां तख़रीब पर[14] माइल
रफ़ीक़ाने-सफ़र में कोई बिस्मिल[15] है कोई घाइल
तआक़ुब में लुटेरे हैं, चटाने राह में हाइल
मगर मैं अपनी मंज़िल की तरफ़ बढ़ता ही जाता हूँ

---

1. अंधकार का 2. चाँद-सितारों का प्रकाश 3. शैतान 4. प्रलय मचाए हुए 5. दुःखों और निराशाओं की 6. आक्रमण 7. आपत्तियों की 8. उन्माद की 9. उपद्रव 10. काले 11. हृदय पर 12. सुख भोगों के 13. माथे पर बल डाले हुए 14. विनाश पर 15. आहत

(64)

उफ़ुक़ पर[1] ज़िन्दगी के लश्करे-ज़ुल्मत का डेरा है
हवादिस के[2] क़ियामत-खेज़ तूफ़ानों ने घेरा है
जहाँ तक देख सकता हूँ, अंधेरा ही अंधेरा है
मगर मैं अपनी मंज़िल की तरफ़ बढ़ता ही जाता हूँ

चिराग़े - दैर[3] फ़ानूसे - हरम[4] क़ंदीले - रहबानी[5]
ये सब हैं मुद्दतों से बेनियाज़े - नूरे - इर्फ़ानी[6]
न नाक़ूसे - बिरहमन[7] है, न आहंगे-हुदी-ख़्वानी[8]
मगर मैं अपनी मंज़िल की तरफ़ बढ़ता ही जाता हूँ

तलातुम खेज़[9] दरिया, आग के मैदान हाइल हैं
गरजती आंधियां, बिखरे हुए तूफ़ान हाइल हैं।
तबाही के फ़रिश्ते, जब्र के शैतान हाइल हैं
मगर मैं अपनी मंज़िल की तरफ़ बढ़ता ही जाता हूँ

फ़ज़ा में शो'ला अफ़शां[10] देवे-इस्तब्दाद का[11] खंजर
सियासत के सनानी[12] अहले-ज़र के[13] खूंचकां[14] तेवर
फ़रेबे - बेख़ुदी[15] देते हुए बिल्लौर के[16] साग़र
मगर मैं अपनी मंज़िल की तरफ़ बढ़ता ही जाता हूँ

---

1. क्षितिज पर 2. दुर्घटनाओं के 3. मन्दिर का दीपक 4. मस्ज़िद का फ़ानूस 5. गिरजाघर की मोमबत्ती 6. ब्रह्म-ज्ञान की ज्योति से बेपरवाह 7. ब्राह्मण के शंख (फूंकने की आवाज़) 8. (मुल्ला के) कुरान पढ़ने का आलाप 9. तूफ़ानी 10. शोले बिखेर रहा है 11. अत्याचाररूपी देव का 12. नुकीले 13. पूँजीपतियों के 14. जिन से लहू टपक रहा है 15. आत्म-विसर्जन का धोखा 16. शीशे के

(65)

बदी पर बारिशे - लुत्फ़ो - करम, नेक़ी पे तक़्रीरें
जवानी के हँसीं ख़्वाबों की हैबतनाक ता'बीरें[1]
नुकीली तेज़ संगीनें हैं खूं-आशाम[2] शमशीरें
मगर मैं अपनी मंज़िल की तरफ़ बढ़ता ही जाता हूँ

हुकूमत के मज़ाहिर[3] जंग के पुरहौल नक़्शे हैं
कुदालों के मुक़ाबिल तोप बन्दूकें हैं नेज़े हैं
सलासिल[4], ताज़ियाने, बेड़ियां फांसी के तख्ते हैं
मगर मैं अपनी मंज़िल की तरफ़ बढ़ता ही जाता हूँ

उफ़ुक़ पर जंग का ख़ूनी सितारा जगमगाता है
हर इक झोंका हवा का मौत का पैग़ाम लाता है
घटा की घन-गरज से क़ल्बे-गेती[5] कांप जाता है
मगर मैं अपनी मंज़िल की तरफ़ बढ़ता ही जाता हूँ

फ़ना के आहनी वहशत-असर[6] क़दमों की आहट है
धुएं की बदलियां हैं गोलियों की सनसनाहट है
अजल के[7] क़हक़हे हैं ज़लज़लों की गड़गड़ाहट है
मगर मैं अपनी मंज़िल की तरफ़ बढ़ता ही जाता हूँ

---

1. स्वप्न-फल 2. लहू पीने वाली 3. प्रदर्शन 4. ज़ंजीरें 5. कीड़े 6. संसार का हृदय 7. भीषण

(66)

बताऊं क्या तुझे, ऐ हमनशीं[1] ! किससे मोहब्बत है
मैं जिस दुनिया में रहता हूँ वो उस दुनिया की औरत है
सरापा[2] रंगो - बू है पैकरे - हुस्नो - लताफ़त[3] है
बहिश्ते-गोश[4] होती हैं गुहर-अफ़शानियां[5] उसकी

वो मेरे आस्मां पर अख्तरे - सुबहे - क़ियामत[6] है
सुरैया-बख्त[7] है, ज़ोहरा-जबीं[8] है माहे-तलअत[9] है
मिरा ईमां है, मेरी ज़िन्दगी है, मेरी जन्नत है
मिरी आँखों को ख़ीरा कर गईं[10] ताबानियां[11] उसकी

वो इक मिज़राब है और छेड़ सकती है रगे-जां को
वो चिनगारी है लेकिन फेंक सकती है गुलिस्तां को
वो बिजली है जला सकती है सारी बज़्मे-इमकां को[12]
अभी मेरे ही दिल तक हैं शरर-सामानियां[13] उसकी

ज़बां पर हैं अभी तक इस्मतो-तक़्दीस के[14] नग़्मे
वो बढ़ जाती है इस दुनिया से अक्सर इस क़दर आगे
मिरी तख़ईल के[15] बाज़ू भी उसको छू नहीं सकते
मुझे हैरान कर देती है नुक्ता-दानियां उसकी

---

1. साथी 2. सिर से पाँव तक 3. सौन्दर्य तथा कोमलता की प्रतिमा 4. कानों का स्वर्ग 5. मोती बिखेरना (बातें) 6. प्रलय की प्रभात का सितारा 7. 8. 9. चाँद तारों जैसे सुन्दर चेहरे वाली 10. चौंधिया गईं 11. आभाएँ 12. संसार को 13. अंगारे बरसाना 14. सतीत्व तथा पवित्रता के 15. कल्पना के

(67)

अदाएं लेके आई है वो फ़ितरत के ख़ज़ानों से
जगा सकती है महफ़िल को नज़र के ताज़ियानों से[1]
वो मलिका है ख़िराज़ उसने लिये हैं बोस्तानों से[2]
बस इक मैंने ही अक्सर की हैं नाफ़रमानियां उसकी

वो मेरी जुर्रतों पर बेनियाज़ी की सज़ा देना
हवस की ज़ुल्मतों पर[3] नाज़ की बिजली गिरा देना
निगाहे-शाक़ की बेबाकियों पर मुस्करा देना
जुनूं को दर्से-तमकीं[4] दे गईं नादानियां उसकी

वफ़ा ख़ुद की है और मेरी वफ़ा को आज़माया है
मुझे चाहा है, मुझको अपनी आँखों पर बिठाया है
मिरा हर शे'र तन्हाई में उसने गुनगुनाया है
सुनी हैं मैंने अक्सर छुपके नग़्मा-ख्वानियां[5] उसकी

मिरे चेहरे पे जब भी फ़िक्र के आसार[6] पाए हैं
मुझे तस्कीन दी है मेरे अंदेशे मिटाए हैं
मिरे शाने पे सर तक रख दिया है, गीत गाए हैं
मिरी दुनिया बदल देती हैं ख़ुश अल्हानियां[7] उसकी

लबे-ला'लीं पे[8] लाखा है न रुख़सारों पे[9] ग़ाज़ा है
जबीने नूर-अफ़शां पर[10] न झूमर है न टीका है
जवानी है सुहाग उसका, तबस्सुम उसका गहना है
नहीं आलूदा-ए-ज़ुल्मत[11] सरह-दामानियां[12] उसकी

---

1. कोड़ों से 2. बाग़ों से 3. अँधेरों पर 4. सहनशीलता का पाठ 5. गीत गाना 6. चिह्न 7. मधुर स्वर 8. लाल होंठों पर 9. कपोलों पर 10. आभापूर्ण माथे पर 11. अंधकार युक्त 12. सुबह रूपी दामन

(68)

कोई मेरे सिवा उसका निशां पा ही नहीं सकता
कोई उस बारगाहे-नाज़[1] तक जा ही नहीं सकता

कोई उसके जुनूं का ज़मज़मा[2] गा ही नहीं सकता
झलकती हैं मिरे अशआर में जौलानियां[3] उसकी

1. नाज़ (सुन्दरी) की राज-सभा 2. गान 3. जवानी का जोश

(69)

मिरी मस्ती में अब होश ही का तौर[1] है साक़ी
तिरे साग़र में ये सहबा[2] नहीं कुछ और है साक़ी

भड़कती जा रही है दम-ब-दम इक आग-सी दिल में
ये कैसे जाम हैं साक़ी, ये कैसा दौर है साक़ी

वो शै दे जिससे नींद आ जाए अक़्ले-फ़ित्ना-परवर को[3]
कि दिल आज़ुर्दहे-तमईज़े-लुत्फ़ो-जौर[4] है साक़ी

जवानी और यूं घिर जाए तूफ़ाने-हवादिस में[5]
ख़ुदा रक्खे अभी तो बेख़ुदी का दौर है साक़ी

छलकती है जो तेरे जाम से उस मय का क्या कहना
तिरे शादाब होंठों की मगर कुछ और है साक़ी

मुझे पीने दे, पीने दे कि तेरे ज़ामे-ला' लीं में[6]
अभी कुछ और है, कुछ और है, कुछ और है साक़ी

---

1. रंग-ढंग 2. अंगूरी शराब 3. उपद्रव खड़े करने वाली बुद्धि को 4. अनुकम्पा और अत्याचार के भेद के प्रति उदासीन 5. दुर्घटनाओं के तूफ़ान में 6. लाल रंग के प्याले (होंठों) में

(70)

कलेजा फुंक रहा है और ज़बाँ कहने से आरी है[1]
बताऊँ क्या तुम्हें क्या चीज़ ये सरमायादारी[2] है

ये वो आँधी है जिसकी रौ में मुफ़लिस का नशेमन[3] है
ये वो बिजली है जिसकी ज़द में हर दहकाँ का ख़िर्मन[4] है

ये अपने हाथ में तहज़ीब का फ़ानूस लेती है
मगर मज़दूर के तन से लहू तक चूस लेती है

ये इंसानी बला ख़ुद खूने-इंसानी की गाहक है
वबा से बढ़के मुहलिक[5], मौत से बढ़कर भयानक है

न देखे हैं बुरे इसने, न परखे हैं भले इसने
शिकंजों में जकड़कर घोंट डाले हैं गले इसने

बला-ए-अमाँ[6] है, तीर ही इसके निराले हैं
कि इसने ग़ैज़ में[7] उजड़े हुए घर फूँक डाले हैं

कयामत इसके ग़मज़े[8], जान लेवा हैं सितम इसके
हमेशा सीना-ए मुफ़लिस[9] पे पड़ते हैं क़दम इसके

---

1. वंचित है 2. पूँजीवाद है 3. ग़रीब की झोंपड़ी 4. किसान का खलिहान 5. खतरनाक 6. बेपनाह मुसीबत 7. गुस्से में 8. नाज़-नखरे 9. ग़रीब के सीने पर

(71)

कहीं ये ख़ूँ फ़र्दे-मालो-ज़र[1] तहरीर करती है
कहीं ये हड्डियाँ चुनकर महल तामीर करती है

ग़रीबों का मुक़द्दस[2] खून पी-पी कर बहकती है
महल में नाचती है, रक़्सगाहों में[3] थिरकती है

बज़ाहिर चन्द फ़िरऔनों[4] का दामन भर दिया इसने
मगर कुल बाग़े-आलम[5] को जहन्नुम कर दिया इसने

दरिन्दे सर झुका देते हैं लोहा मान कर इसका
नज़र सफ़्फ़ाकतर[6] इसकी, नफ़स मक्रूसहतर[7] इसका

जिधर चलती है बर्बादी के सामाँ साथ चलते हैं।
नहूसत हमसफ़र होती है शैताँ साथ चलते हैं

ये अक्सर लूट कर मासूम इंसानों को राहों में
ख़ुदा के ज़मज़मे[8] गाती है छुप कर ख़ानक़ाहों में

जवाँ मर्दो के हाथों से ये नेज़े छीन लेती है
ये यन है, भरी गोदों से बच्चे छीन लेती है

ये गैरत छीन लेती है, हमीयत[9] छीन लेती है
ये इंसानों से इंसानों की फ़ितरत छीन लेती है

---

1. धन-दौलत का बहीखाता 2. पवित्र 3. डांस बार में 4. निरंकुश शासकों का 5. दुनिया के बाग़ को 6. बेहद, ज़ालिम 7. साँस उबकाई लाने वाली 8. गीत 9. लाज, मर्यादा

(72)

ये आशोबे - हलाक़त[1] फ़ितना - ए - इस्कंदरो दारा[2]
ज़मीं के देवताओं की कनीज़े - अंजुमन - आरा[3]

हमेशा खून पीकर हड्डियों के रथ में चलती है
ज़माना चीख़ उठता है, ये जब पहलू बदलती है

गरजती, गूँजती ये आज भी मैदाँ में आती है
मगर बदमस्त है, हर हर क़दम पर लड़खड़ाती है

मुबारक दोस्तो, लबरेज़ है अब इसका पैमाना
उठाओ आँधियां, कमज़ोर है बुनियादे-काशाना[4]

---

1. मौत और बर्बादी का हंगामा 2. सिकन्दर और दारा की शक्ल वाली क़यामत 3. महफ़िल की रौनक बढ़ाने वाली बाँदी 4. महल की बुनियाद

(73)

मेह्[1] सदियों से चमकता ही रहा अफ़लाक पर[2]
रात ही तारी रही इनसान के इद्राक पर[3]

अक़्ल के मैदान में ज़ुल्मत का[4] डेरा ही रहा
दिल में तारीकी, दिमाग़ों में अंधेरा ही रहा

इक न इक मज़हब की सअइ-ए-ख़ाम[5] भी होती रही
अहले-दिल पर बारिशे-इल्हाम[6] भी होती रही

आस्मानों से फ़रिश्ते भी उतरते ही रहे
नेक बन्दे भी ख़ुदा का काम करते ही रहे

इब्ने-मरियम[8] भी उठे, मूसा-ए-इम्रां[9] भी उठे
रामो-गौतम भी उठे, फ़िरऔनो-हामां[10] भी उठे

अहले-सैफ़[11] उठते रहे, अहले-किताब[12] आते रहे
ईंजनाब उठते रहे, और आंजनाब आते रहे

हुक्मरां दिल पर रहे सदियों तलक असनाम[13] भी
अब्रे-रहमत[14] बन के छाया दह्र पर[15] इस्लाम भी

मस्जिदों में मौलवी ख़ुत्बे सुनाते ही रहे
मन्दिरों में बिरहमन अश्लोक गाते ही रहे

---

1. सुबह होने का सपना 2. सूर्य 3. आकाश पर 4. बुद्धि पर 5. अंधकार का 6. विफल प्रयास 7. देववाणी रूपी वर्षा 8. मरियम के बेटे (ईसा) 9. हज़रत मूसा 10. उद्दंड शासकों के नाम 11. तलवार के धनी 12. पवित्र धार्मिक ग्रन्थ रचने वाले (हज़रत मोहम्मद आदि) 13. मूर्तियां 14. कृपा का बादल 15. संसार पर

(74)

आदमी मिन्नतकशे - अर्बाबे - इर्फ़ां ही रहा[1]
दर्दे - इनसानी मगर महरूमे - दर्मां[2] ही रहा

इक न इक दर पर जबीने-शौक़[3] घिसती ही रही
आदमियत ज़ुल्म की चक्की में पिसती ही रही

रहबरी जारी रही, पैग़म्बरी जारी रही
दीन के पर्दे में जंगे-ज़रगरी जारी रही

अहले-बातिन[4] इल्म से सीनों को गर्माते रहे
जिह्ल के[5] तारीक साए हाथ फैलाते रहे

ये मुसलसल आफ़तें, ये यूरिशें[6], ये क़त्ले-आम
आदमी कब तक रहे औहामे-बातिल का[7] गुलाम

ज़ेह्ने-इनसानी ने[8] अब औहाम के ज़ुल्मात में[9]
ज़िन्दगी की सख़्त तूफ़ानी अंधेरी रात में

कुछ नहीं तो कम-से-कम ख़्वाबे-सहर[10] देखा तो है
जिस तरफ़ देखा न था अब तक उधर देखा तो है

---

1. देवताओं का कृपाकांक्षी 2. उपचार से वंचित 3. जिज्ञासा रूपी माथा 4. ब्रह्मज्ञानी 5. अज्ञानता के 6. आक्रमण 7. मिथ्या भ्रमों का 8. मानव-मस्तिष्क ने 9. भ्रमों के अँधेरों में 10. सुबह होने का सपना

(75)

छोड़ दे मुतरिब[1] बस अब लिल्लाह पीछा छोड़ दे
काम का ये वक़्त है, कुछ काम करने दे मुझे

तेरी तानों में है ज़ालिम किस क़यामत का असर
बिजलियाँ सी गिर रही हैं ख़िर्मने-इदराक[2] पर

ये ख़याल आता है रह रहकर दिले-बेताब में
बह न जाऊँ फिर तिरे नग़्मात[3] के सैलाब में

छोड़कर आया हूँ किस मुश्किल से मैं जामो-सुबू
आह किस दिल से किया है मैंने ख़ूने-आरज़ू

फिर शाबिस्ताने-तरब[4] की राह दिखलाता है तू
मुझ को करना चाहता है फिर ख़राबे-रंगो-बू

मैंने माना वज्द[5] में दुनिया को ला सकता है तू
मैंने ये माना ग़मे-हस्ती[6] मिटा सकता है तू

मैंने माना तेरी मौसीकी[7] है इतनी पुर-असर
झूम उठते हैं फ़रिश्ते तक तिरे नग़्मात पर

---

1. गायक 2. विवेक रूपी खलिहान 3. गीत 4. आनन्द का शयन कक्ष 5. मस्ती/परम आनन्द में झूमना 6. जीवन का दुःख 7. संगीत

(76)

हाँ ये सच है ज़मज़मे[1] तेरे मचाते हैं वो धूम
झूम जाते हैं मनाज़िर, रक्स[2] करते हैं नुजूम[3]

तेरे ही नग़मे से वाबस्ता निशाते - ज़िन्दगी[4]
तेरे ही नग़मे से कैफ़ो - इन्बिसाते - ज़िन्दगी[5]

तेरी सौते - सरमदी[6] बाग़े - तसव्वुफ़ की बहार
तेरे ही नग़मों से बेख़ुद आबिदे-शब ज़िन्दादार[7]

बुलबुलें नग़मा-सरा हैं तेरी ही तक़लीद[8] में
तेरे ही नग़मों से झूमें महफ़िले-नाहीद[9] में

मुझको तेरे सहरे-मूसीकी[10] से कब इंकार है?
मुझको तेरे लहने-दाऊदी[11] से कब इंकार है?

बज़्मे-हस्ती का मगर क्या रंग है, ये भी तो देख
हर ज़बाँ पर अब सलाए-जंग[12] है, ये भी तो देख

फ़र्के-गीती[13] से सुकूं अब मायले-परवाज़[14] है
अब्र[15] के पर्दो में साज़े-जंग[16] की आवाज़ है

फ़ेक दे ऐ दोस्त अब भी फेंक दे अपना रबाब[17]
उठने ही वाला है कोई दम में शोरे-इंक़लाब!

---

1. गीत 2. नृत्य 3. तारे 4. जीवन की खुशियाँ 5. जीवन का आनन्द और मस्ती 6. सूफ़ी सरमद जैसी आवाज़ 7. रातों को जाग कर इबादत करने वाला हमेशा जीवित रहता है 8. अनुकरण 9. वीनस, हुस्न व इश्क़ की देवी 10. संगीत का जादू 11. दाऊद पैग़म्बर की आवाज़ जो बहुत अच्छा गाते थे 12. युद्ध की पुकार 13. दुनिया का चेहरा 14. उड़ने को तैयार 15. बादल 16. जंग का वाद्य 17. एक संगीत वाद्य

(77)

आ रहे हैं जंग के बादल वो मंडलाते हुए
आग दामन में छुपाए, खून बरसाते हुए

कोहो-सेह्रा[1] में ज़मीं से ख़ून उबलेगा अभी
रंग के बदले गुलों से ख़ून टपकेगा अभी

बढ़ रहे हैं देख वो मज़दूर दर्राते हुए
इक जुनूं-अंगेज़[2] लय में जाने क्या गाते हुए

सरकशी की तुन्द आंधी दम बदम चढ़ती हुई
हर तरफ़ यलग़ार करती, हर तरफ़ बढ़ती हुई

भूक के मारे हुए इंसां की फ़रयादों के साथ
फ़ाक़ा मस्तों के जिलौ में,[3] खाना-बर्बादों के साथ

ख़त्म हो जायेगा सरमायादारी[4] का निज़ाम[5]
रंग लाने को है मज़दूरों का जोशे-इंतक़ाम[6]

गिर पड़ेंगे ख़ौफ़ से ऐवाने-इश्रत के सुतूं[7]
ख़ून बन जाएगी शीशों में शराबे-लाला-गूं[8]

---

1. पर्वत और जंगल 2. उन्माद को बढ़ाने वाली 3. साथ 4. पूँजीवाद 5. व्यवस्था 6. बदले का जोश 7. विलासिता के महल के स्तम्भ 8. सुर्ख़ शराब

(78)

ख़ून की बू लेके जंगल से हवाएँ आएंगी
ख़ूं ही ख़ूं होगा-निगाहें जिस तरफ़ भी जाएंगी

झोंपड़ों में ख़ूं, महल में ख़ूं, शबिस्तानों[1] में ख़ूं
दश्त[2] में ख़ूं, वादियों में ख़ूं, बयाबानों में ख़ूं

पुर-सकूँ सहरा में ख़ूं, बेताब दरियाओं में ख़ूं
दैर[3] में ख़ूं मस्जिदों में ख़ूं, कलीसाओं[4] में ख़ूं

ख़ून के दरिया नज़र आएंगे हर मैदान में
डूब जाएंगी चटाने ख़ून के तूफ़ान में

खून की रंगीनियों में डूब जाएगी बहार
रेगे-सह्रा[5] पर नज़र आएंगे लाखों लाला-ज़ार[6]

ख़ून से रंगी फ़ज़ाएँ - बोस्तां[7] हो जाएंगी
नर्गिसे - मख़्मूर[8] चश्मे - ख़ूं - फ़शां[9] हो जाएंगी

कोहसारो[10] की तरफ़ से 'सुर्ख़ आंधी' आएगी
जा-बजा आबादियों में आग सी लग जाएगी

तोड़ कर बेड़ी निकल आएंगे ज़िन्दां[11] से असीर[12]
भूल जाएंगे इबादत ख़ानक़ाहों में फ़क़ीर

हश्र-दर-आग़ोश[13] हो जाएगी दुनिया की फ़ज़ा
दौड़ता होगा हर इक जानिब फ़रिश्ता मौत का

---

1. शयन कक्षों 2. जंगल 3. मन्दिर 4. चर्च 5. मरुभूमि 6. फूलों के बाग़ 7. बाग़ 8. नर्गिस का फूल जिसकी आकृति नशीली आँख जैसी होती है 9. खून बरसाती 10. पर्वत श्रृंखला 11. जेल 12. कैदी 13. गोद में क़यामत लिये

(79)

सुर्ख़ होंगे ख़ून के छींटों से बामो-दर तमाम
ग़र्क़ होंगे आतिशीं - मलबूस[1] में मंज़र तमाम

इस तरह लेगा ज़माना जंग का ख़ूनीं सबक़
आसमां पर ख़ाक होगी, फ़र्क़[2] पर रंगे-शफ़क़[3]

और इस रंगे-शफ़क़ में बा-हज़ारां आफ़ताब[4]
जग़मगाएगा वतन की हुर्रियत[5] का आफ़ताब।

---

1. आग जैसा परिधान 2. चेहरा 3. लालिमा का रंग 4. हज़ारों सूरज साथ लिये 5. आज़ादी

(80)

ऐ जवानाने-वतन रूह जवां है तो उठो
आँख इस महशरे-नौ[1] की निगरां[2] है तो उठो
ख़ौफ़े - बेहुरमती - ओ- फिक्रे-ज़ियां[3] है तो उठो
पासे - नामूसे - निगाराने - जहां[4] है तो उठो

उठो नाक़कारा-ए-अफ़लाक[5] बजा दो उठकर
एक सोए हुए आलम को जगा दो उठकर

एक-इक सिम्त से शबख़ून[6] की तैयारी है
लुत्फ़[7] का वादा और मश्क़े - जफ़ाकारी[8] है
महफ़िले - ज़ीस्त पे फ़र्माने - क़ज़ा[9] जारी है
शहर तो शहर है, गाऊँ पे भी बमबारी है

ये फ़ज़ा में जो गरजते हुए तैयारे[10] हैं
बर-सरे-दोशे-हवा[11] मौत के हरकारे हैं

उस तरफ़ हाथ में शमशीरें[12] ही शमशीरें हैं
इस तरफ़ ज़हन में तदबीरें ही तदबीरें हैं
ज़ुल्म पर जुल्म हैं, ताज़ीरों पे ताज़ीरें[13] हैं
सर पे तलवार है और पांव में जंजीरें हैं

एक हो एक कि हंगामा-ए-महशर है यही
अर्सा-ए ज़ीस्त[14] का हंगामा-ए-अक्बर[15] है यही

---

1. नयी लय 2. नयी प्रहरी 3. अपमान का डर और बर्बादी की चिन्ता 4. दुनिया को सँवारने वालों के सम्मान का ख़याल 5. आसमानों रूपी नक़्क़ारा 6. रात के अंधेरे में किया जाने वाला आक्रमण 7. कृपा 8. अत्याचार करने का अभ्यास 9. ज़िन्दगी की महफ़िल पर मौत का फ़र्मान 10. हवाई जहाज़ 11. हवा के कन्धों पर 12. तलवारें 13. सज़ाएँ 14.जीवन का कालचक्र 15. बड़ी क़यामत

(81)

अपनी सरहद पे जो अग़यार[1] चले आते हैं
शौला अफ़्शानो-शहरबार[2] चले आते हैं
ख़ून पीते हुए सरशार[3] चले आते हैं
तुम जो उठ जाओ तो बेकार चले आते हैं

ख़ून जो बह निकला है, उस ख़ूं में बहा दो इनको
इनकी खोदी हुई ख़ंदक़[4] में गिरा दो इनको

रंग - गुलहाए - गुलिस्ताने - वतन[5] तुम से है
शोरिशे - नारा - ए - ज़िन्दाने - वतन[6] तुम से है
नश्श - ए - नर्गिसे - ख़ूबाने - वतन[7] तुम से है
इफ़्फ़ते - माहे - जबीनाने - वतन[8] तुम से है

तुम हो ग़ैरत के अमीं[9], तुम हो शराफ़त के अमीं
और ये ख़तरे में हैं, एहसास तुम्हें हैं कि नहीं

ये दरिन्दे, ये शराफ़त के पुराने दुश्मन
तुम कि हो हामिले-आदाबो-रिवायाते-कुहन[10]
जादा-ए-पैमा के लिए ख़िज़्र[11] हो तुम, ये रहज़न[12]
तुम हो ख़िमन[13] के निगहबान, ये बर्के-ख़िरमन[14]

ख़ित्तः-ए पाक[15] में ज़िन्हार[16] न आने पाएँ
आ ही जाएँ जो ये, ज़िन्दा तो न जाने पाएँ

---

1. ग़ैर (बहुवचन) 2. शोले और चिंगारियाँ बरसाते हुए 3. मस्त 4. खाई 5. वतन के बाग के फूलों का रंग 6. वतन के बन्दी घरों में बग़ावत का नारा 7. वतन की सुन्दरियों की आँखों में नशा 8. वतन की चाँद जैसे ललाटवाली सुन्दरियों की इज़्ज़त 9. आत्मसम्मान के रक्षक 10. पुरानी परम्पराएँ और तौर तरीक़े मानने वाले 11. मार्ग दर्शक 12. लुटेरे 13. खलिहान 14. खलिहान को जलाने वाली बिजली 15. पवित्र धरती 16. हरगिज़

(82)

मर्दो-ज़न, पीरो-जवाँ इनके मज़ालिम के शिकार
ख़ूने-मासूम में डूबी हुई इनकी तलवार
ये क़यामत के हवसनाक, ग़ज़ब के ख़ूँखार
इनके इस्यां[1] की न हद है, न जराइम का शुमार

ये तरह्हुम[2] से न देखेंगे किसी की जानिब
इनकी तोपों के दहन[3] करदो इन्हीं की जानिब

ये तो हैं फ़ितना-ए-बेदार[4] दबा दो इनको
ये तमद्दुन[5] को मिटा देंगे, मिटा दो इनको
फूंक दो इनको, झुलस दो, कि जला दो इनको
शाने-शायाने-वतन[6] हो ये बता दो इनको

याद है तुम को किन असलाफ़[7] की तुम यादें हो
तुम तो ख़ालिद[8] के पिसर[9], भीम की औलादें हो

तुम तो तन्हा भी नहीं हो, कई दमसाज़[10] भी हैं
रूस के मर्द भी हैं, चीन के जांबाज़ भी हैं
कुछ न कुछ साथ फ़िरंगी-ए-फुसूँ-साज़[11] भी हैं
और हम जैसे बहुत ज़मज़मा-पर्दाज़[12] भी हैं

दूर इंसान के सर से ये मुसीबत कर दो
आग दौज़ख़ की बुझा दो, इसे जन्नत कर दो।

---

1. गुनाह 2. रहम, तरस 3. मुँह 4. जागी हुई प्रलय 5. संस्कृति 6. देश की शान के अनुरूप 7. पूर्वजों की 8. हज़रत मुहम्मद के एक साथी जो अपनी बहादुरी के लिए प्रसिद्ध हैं। 9. बेटा 10. साथी 11. जादू जगाने वाले फ़िरंगी 12. गीत गाने वाले

(83)

कोई बताए अज़्मते - ख़ाके - वतन[1] कहां है अब
कोई बताए ग़ैरते - अहले - वतन को[2] क्या हुआ

कोह[3] वही, दमन[4] वही, दश्त[5] वही, चमन वही
फिर ये 'मजाज़' जज़्बए - हुब्बे - वतन को[6] क्या हुआ

बोल ! अरी ओ धरती बोल !
राज़ सिंहासन डाँवांडोल

बादल बिजली रैन अंधियारी दुख की मारी परजा सारी
बूढ़े-बच्चे सब दुखिया हैं दुखिया नर हैं दुखिया नारी
बस्ती-बस्ती लूट मची है सब बनिए हैं सब ब्योपारी

बोल ! अरी ओ धरती बोल !
राज़ सिंहासन डाँवांडोल

कलजुग में जग के रखवाले चांदी वाले सोने वाले
देसी हों या परदेसी हों नीले, पीले, गोरे, काले
मक्खी, भुनगे भिन-भिन करते ढूंढ़े हैं मकड़ी के जाले

बोल ! अरी ओ धरती बोल !
राज़ सिंहासन डाँवांडोल

---

1. देश की मिट्टी की महानता 2. देशवासियों के स्वाभिमान को 3. पहाड़ 4. वीराने 5. जंगल 6. देश-प्रेम की भावना को

(84)

क्या अफरंगी, क्या तातारी[1] आंख बची और बरछी मारी
कब तक जनता की बेचैनी कब तक जनता की बेज़ारी
कब तक साए के धंधे कब तक ये सार्मायादारी

बोल ! अरी ओ धरती बोल !
राज़ सिंहासन डाँवांडोल

नामी और मशहूर नहीं हम लेकिन क्या मज़दूर नहीं हम
धोका और मजदूरों को दें ऐसे तो मजबूर नहीं हम
मंज़िल अपने पांव के नीचे मंज़िल से अब दूर नहीं हम

बोल ! अरी ओ धरती बोल !
राज़ सिंहासन डाँवांडोल

बोल कि तेरी ख़िदमत की है बोल कि तेरा काम किया है
बोल कि तेरे फल खाए हैं बोल कि तेरा दूध पिया है
बोल कि हमने हश्र[2] उठाया बोल कि हमसे हश्र उठा है

बोल कि हमसे जागी दुनिया
बोल कि हमसे जागी धरती
बोल ! अरी ओ धरती बोल !
राज़ सिंहासन डाँवांडोल

---

1. तुर्किस्तान निवासी 2. प्रलय, तूफ़ान

(85)

शेर हैं, चलते हैं दर्राते हुए बादलों की तरह मंडलाते हुए
ज़िंदगी की रागनी गाते हुए
लाल झंडा है हमारे हाथ में

हाँ, ये सच है भूख से हैरान हैं पर ये मत समझो कि हम बेजान हैं
इस बुरी हालत में भी तूफ़ान हैं
लाल झंडा है हमारे हाथ में

हम हैं वो जो बेरुख़ी करते नहीं हम हैं वो जो मौत से डरते नहीं
हम हैं वो जो मर के भी मरते नहीं
लाल झंडा है हमारे हाथ में

चैन से महलों में रहते नहीं ऐश की गंगा में हम बहते नहीं
भेद दुश्मन से कभी कहते नहीं
लाल झंडा है हमारे हाथ में

जानते हैं एक लश्कर आयेगा तोप दिखला कर हमें धमकाएगा
पर ये झंडा भी यूँ ही लहरायेगा
लाल झंडा है हमारे हाथ में

कब भला धमकी से घबराते हैं हम दिल में जो होता है, कह जाते हैं हम
आस्मां हिलता है जब गाते हैं हम
लाल झंडा है हमारे हाथ में

लाख लश्कर आयें, कब हिलते हैं हम आँधियों में जंग की खुलते हैं हम

मौत से हँस कर गले मिलते हैं हम
लाल झंडा है हमारे हाथ में।

मेहनत से माना चूर हैं हम आराम से कोसों दूर हैं हम
पर लड़ने पर मजबूर हैं हम
मज़दूर हैं हम! मज़दूर हैं हम!

गो आफ़तो-ग़म के मारे हैं हम ख़ाक नहीं हैं, तारे हैं
इस जग के राजदुलारे हैं
मज़दूर हैं हम! मज़दूर हैं हम!

बनने की तमन्ना रखते हैं मिटने का कलेजा रखते हैं
सरकश हैं, सर ऊँचा रखते हैं
मज़दूर हैं हम! मज़दूर हैं हम!

हरचंद कि हैं इदबार में[1] हम कहते हैं खुले बाज़ार में हम
हैं सबसे बड़े संसार में हम
मज़दूर हैं हम! मज़दूर हैं हम!

जिस सिम्त बढ़ा देते हैं क़दम झुक जाते हैं शाहों के परचम
सावंत हैं हम, बलवंत हैं हम
मज़दूर हैं हम! मज़दूर हैं हम!

गो जान पे लाखों बार बनी कर गुज़रे मगर जो जी में ठनी
हम दिल के खरे, बातों के धनी
मज़दूर हैं हम! मज़दूर हैं हम!

---

1. बदक़िस्मती में

(86)

हम क्या हैं, कभी दिखला देंगे हम नज़्मे-कुहन[1] को ढा देंगे
हम अर्ज़ो-समा[2] को हिला देंगे
मज़दूर हैं हम! मज़दूर हैं हम!

हम जिस्म में ताक़त रखते हैं सीनों में हरारत[3] रखते हैं
हम अज़्मे-बग़ावत[4] रखते हैं
मज़दूर हैं हम! मज़दूर हैं हम!

जिस रोज़ बग़ावत कर देंगे दुनिया में क़यामत कर देंगे
ख्वाबों को हक़ीक़त कर देंगे
मज़दूर हैं हम! मज़दूर हैं हम!

हम क़ब्ज़ा करेंगे दफ़्तर पर हम वार करेंगे क़ैसर[5] पर
हम टूट पड़ेंगे लश्कर पर
मज़दूर हैं हम! मज़दूर हैं हम!

---

1. पुरानी व्यवस्था 2. ज़मीन-आसमान 3. गर्मी 4. बग़ावत का इरादा 5. शासक

(87)

तेज़तर होती हुई मंज़िल-ब-मंज़िल दम-ब-दम
रफ़्ता-रफ़्ता अपना असली रूप दिखलाती हुई

सीना-ए-कुहसार पर[1] चढ़ती हुई बेइख़्तियार
एक नागन जिस तरह मस्ती में लहराती हुई

इक सितारा टूटकर जैसे रवां[2] हो अर्श पर[3]
रिफ़्अते-कुहसार से[4] मैदान में आती हुई

इक बगूले की तरह बढ़ती हुई मैदान में
जंगलों में आंधियों का ज़ोर दिखलाती हुई

याद आ जाए पुराने देवताओं का जलाल[5]
इन क़ियामत-ख़ेज़ियों के[6] साथ बल खाती हुई

एक रख़्शे-बेइनां[7] की बर्क़-रफ़्तारी के[8] साथ।
खंदकों को फांदती, टीलों से कतराती हुई

मुर्ग़ज़ारों में दिखाती जूए-शीरीं का[10] ख़िराम[11]
वादियों में अब्र के[12] मानिंद मंडलाती हुई

इक पहाड़ी पर दिखाती आबशारों की झलक
इक बियाबां में चिराग़े-तूर[13] दिखलाती हुई

जुस्तजू में मंज़िले-मक़सूद की दीवानावार की
अपना सर धुनती, फ़ज़ा में बाल बिखराती हुई

छेड़ती इक वज्द के आलम में साज़े-सरमदी[14]
ग़ैज़ के आलम में[15] मुंह से आग बरसाती हुई

---

1. पर्वत की छाती पर 2. गतिशील 3. आकाश पर 4. पर्वत के शिखर पर से 5. तेज़ 6. प्रलयकारियों के 7. ऐसा घोड़ा जिसके मुँह में लगाम न हो 8. बिजली की सी तेज़ी के 9. हरे-भरे जंगलों में 10. मीठे पानी की नदी का 11. मंद गति 12. बादलों के 13. तूर नामक पहाड़ पर चमकता दीपक, प्रथा है कि वहाँ हज़रत ईसा से ख़ुदा का बिजली के संकेतों द्वारा वार्तालाप हुआ था 14. अमर संगीत 15. क्रोध या प्रकोप की स्थिति में

(88)

रेंगती, मुड़ती, मचलती, तिलमिलाती, हांपती
अपने दिल की आतिशे-पिन्हां को[1] भड़काती हुई

ख़ुद-ब-ख़ुद रूठी हुई, बिफरी हुई, बिखरी हुई
शोरे-पैहम से[2] दिले-गेती को[3] धड़काती हुई

पुल पे दरिया के दमादम कौंदती ललकारती
अपनी इस तूफ़ान-अंगेज़ी पे इतराती हुई

पेश करती बीच नद्दी में चिराग़ां का[4] समां
साहिलों पर रेत के ज़र्रों को चमकाती हुई

मुंह में घुसती है सुरंगों के यकायक दौड़कर
दनदनाती, चीखती, चिंघाड़ती गाती हुई

आगे-आगे जुस्तजू-आमेज़[5] नज़रें डालती
शब के हैबतनाक[6] नज़्ज़ारों से घबराती हुई

एक मुजरिम की तरह सहमी हुई, सिमटी हुई
एक मुफ़लिस की तरह सर्दी में थर्राती हुई

तेज़ी-ए-रफ़्तार के सिक्के जमाती जा-ब-जा[7]
दश्तो-दर में[8] ज़िन्दगी की लहर दौड़ाती हुई

सफ्हा-ए-हिल से[9] मिटाती अहदे-माजी के[10] नुक़ूश[11]
हालो-मुस्तक़बिल के[12] दिलकश ख्वाब दिखलाती हुई

डालती बेदिस चटानों पर हिक़ारत की नज़र
कोह पर हँसती फ़लक को[13] आंख दिखलाती हुई

दामने-तारीकी-ए-शब की[14] उड़ाती धज्जियां
क़स्रे-ज़ुल्मत पर[15] मुसलसल तीर बरसाती हुई

---

1. निहित ज्वाला को 2. निरन्तर शोर से 3. संसार के हृदय को 4. दीपमाला का 5. जिज्ञासापूर्ण 6. भयानक 7. जगह-जगह 8. जंगलों और आबादियों में 9. हृदय-रूपी पृष्ठ पर से 10. भूतकाल के 11. चित्र 12. वर्तमान तथा भविष्य के 13. आकाश को 14. रात के अंधकार के आँचल की 15. अंधकार के महल पर

(89)

ज़द में कोई चीज़ आ जाए तो उसको पीसकर
इर्तिक़ा ए-ज़िन्दगी के[1] राज़ बतलाती हुई

जो'म में[2] पेशानी-ए-सहरा पे[3] ठोकर मारती
फिर सुबक-रफ़्तारियों के[4] नाज़ दिखलाती हुई

एक सरकश फ़ौज की सूरत अलम[5] खोले हुए
एक तूफ़ानी गरज के साथ दर्राती हुई

हर क़दम पर तोप की-सी घन-गरज के साथ-साथ
गोलियों की सनसनाहट की सदा आती हुई

वो हवा में सैकड़ों जंगी दुहल[6] बजते हुए
वो बिगुल की जाफ़ज़ा आवाज़ लहराती हुई

अलग़रज[7] उड़ती चली जाती है बेख़ौफ़ी-ख़तर
शायरे-आतिश-नफ़स का[8] खून खौलाती हुई

---

1. जीवन के विकास के 2. गर्व में 3. मरुस्थल के माथे पर 4. मंद गति के 5. पताका 6. ढोल, नक़्क़ारे
7. तात्पर्य यह कि 8. अग्नि-भाषी कवि का

(90)

ये जद्दो-कश्मकश[1], ये खुरोशे-जहाँ[2] भी देख
इदबार की[3] सरों पे घनी बदलियां भी देख
ये तोप, ये तुफ़ंग, ये तेग़ो-सिनां[4] भी देख
ओ कुश्ता-ए-निगारे-दिल-आरा[5] इधर भी आ

आ और बिगुल का नग़्मा-ए-जांआफ़री[6] भी सुन
आ बेकसों का नाला-ए-अंदोहगा[7] भी सुन
आ बाग़ियों का ज़मज़मा-ए-आतशीं[8] भी सुन
ओ मस्ते-साज़ो-बरबतो-नग़्मा[9] इधर भी आ

तक़्दीर कुछ हो, काविशे-तद्बीर[10] भी तो है
तख़रीब के[11] लिबास में ता'मीर[12] भी तो है
ज़ुल्मात के[13] हिजाब में[14] तन्वीर[15] भी तो है
आ मुंतज़िर है इश्रते-फ़र्दा[16] इधर भी आ

---

1. पराक्रम और संघर्ष 2. संसार का कोलाहल 3. संकटों की 4. तलवार और तीर की नोक 5. हृदयाकर्षक प्रेयसी द्वारा आहत 6. जीवन-वर्धक गीत 7. आर्त्तनाद 8. अग्निमय गीत 9. साज़-संगीत में मस्त 10. उपाय-सम्बन्धी परिश्रम 11. विनाश के 12. निर्माण 13. अंधकार के 14. पर्दे में 15. प्रकाश, ज्योति 16. आगामी कल का सुख-वैभव

(91)

रुख़सत ऐ हम-सफ़रो ! शह्रे-निगार आ ही गया
ख़ुल्द[1] भी जिस पे हो क़ुर्बा वो दियार[2] आ ही गया

ये जुनूंज़ार[3] मिरा, मेरे ग़ज़ालों का[4] जहाँ
मेरा 'नज्द' आ ही गया, मेरा 'ततार' आ ही गया

गेसुओं वालों में, अबरू के5 कमांदारों में
एक सैद[6] आ ही गया, एक शिकार आ ही गया

बाग़बानों को बताओ गुलो-नसरीं से[7] कहो
इक ख़राबे-गुलो-नसरीने-बहार आ ही गया

खैर-मक़दम को[8] मिरे कोई ब-हंगामे-सहर[9]
अपनी आँखों में लिये शब का खुमार आ ही गया

ज़ुल्फ़ का[10] अब्रे-सियह[11] बाज़ुए-सीमीं पे[12] लिये
फिर कोई ज़मज़मए-साज़े-बहार[13] आ ही गया

हो गई तश्ना - लबी[14] आज रहीने - कौसर[15]
मेरे लब पर लबे-लालीने-निगार[16] आ ही गया

---

1. स्वर्ग 2. शहर, नगर 3. उन्माद-स्थल 4. मृगनयनी सुन्दरियों का 5. भृकुटी के 6. आखेट 7. फूलों से 8. स्वागत को 9. प्रातःकाल 10. केशों का 11. काला बादल 12. रजत बांहों पर 13. वसन्तरूपी साज़ को छेड़ता हुआ 14. तृष्णा 15. स्वर्ग की अमृत-नदी की कृतज्ञ 16. प्रेयसी के लाल होंठ

(92)

मुझे जाना है इक दिन बज़्मे-नाज़ से[1] आख़िर
अभी फिर दर्द टपकेगा मिरी आवाज़ से आख़िर
अभी फिर आग उट्ठेगी शिकस्ता[2] साज़ से आख़िर
मुझे जाना है इक दिन, तेरी बज़्मे-नाज़ से आख़िर

अभी तो हुस्न के पैरों पे है जब्रे-हिना-बंदी[3]
अभी है इश्क़ पर आईने-फ़र्सूदा की[4] पाबंदी
अभी हावी है अक़्लो-रूह पर झूठी ख़ुदावंदी
मुझे जाना है इक दिन, तेरी बज़्मे-नाज़ से आख़िर

अभी तह्जीब अद्लो-हक़ की[5] कश्ती खे नहीं सकती
अभी ये ज़िन्दगी दादे-सदाक़त दे नहीं सकती[6]
अभी इन्सानियत दौलत से टक्कर ले नहीं सकती
मुझे जाना है इक दिन, तेरी बज़्मे-नाज़ से आख़िर

अभी तो कायनात[7] औहाम का[8] इक कारख़ाना है
अभी धोका हक़ीक़त[9] है, हक़ीक़त इक फ़साना है
अभी तो ज़िन्दगी को ज़िन्दगी करके दिखाना है
मुझे जाना है इक दिन, तेरी बज़्मे-नाज़ से आख़िर

---

1. नाज़ों भरी महफ़िल से 2. टूटे हुए 3. मेहंदी लगाने पर प्रतिबंध 4. जीर्ण व्यवस्था की 5. न्याय और सत्य की 6. सत्य की प्रशंसा नहीं कर सकती 7. ब्रह्मांड 8. भ्रमों का 9. वास्तविकता

(93)

अभी हैं शहर की तारीक[1] गलियां मुंतज़िर मेरी
अभी है इक हसीं तहरीके - तूफ़ां[2] मुंतज़िर मेरी
अभी शायद है इक ज़ंजीरे - ज़िंदा[3] मुंतज़िर मेरी
मुझे जाना है इक दिन, तेरी बज़्मे-नाज़ से आख़िर

अभी तो फ़ाक़ाकश इनसान से आँखें मिलाना है
मामला अभी झुलसे हुए चेहरों पे अश्के-ख़ूं[4] बहाना है
अभी पामाले-जौर[5] आदम को[6] सीने से लगाना है
मुझे जाना है इक दिन, तेरी बज़्मे-नाज़ से आख़िर

अभी हर दुश्मने-नज़्मे-कुहन के[7] गीत गाना है
अभी हर लश्करे-ज़ुल्मत-शिकन के[8] गीत गाना है
अभी ख़ुद-सर फ़रोशाने-वतन के गीत गाना है
मुझे जाना है इक दिन, तेरी बज़्मे-नाज़ से आख़िर

कोई दम में ह्याते-नौ का[9] फिर परचम[10] उठाता हूँ
बाईमाए-हमीयत[11] जान की बाज़ी लगाता हूँ
मैं जाऊंगा, मैं जाऊंगा, मैं जाता हूँ, मैं जाता हूँ
मुझे जाना है इक दिन, तेरी बज़्मे-नाज़ से आख़िर

---

1. अँधेरी 2. तूफ़ान (क्रांति) का आन्दोलन 3. कारागार की जंजीर 4. ख़ून के आँसू 5. अत्याचार-पीड़ित 6. मानव को 7. जीर्ण व्यवस्था के शत्रु के 8. अंधकार दूर करने वाली सेना के 9. नव जीवन का 10. पताका 11. आत्म-सम्मान की रक्षा के लिए

(94)

मैं कि मयख़ाना-ए-उल्फ़त का[1] पुराना मयख़्वार
महफ़िले - हुस्न का इक मुतरिबे - शीरीं - गुफ़्तार[2]
माहपारों का हदफ़ ज़ोहरा-जबीनों का शिकार[3]
नग़्मा - पैरा - ओ - नवासंजो - ग़ज़लख़्वां हूँ[4] मैं

कितने दिलकश हैं मिरे बुतख़ाना-ए-ईमां के सनम[5]
वो कलीसाओं के आहू[6] वो ग़ज़ालाने-हरम[7]
मैं हमा-शौक़ो-मोहब्बत[8], वो हमा-लुत्फ़ो-करम[9]
मरकज़े - मरहमते - महफ़िले - खूबां[10] हूँ मैं

मौजज़न[11] है मए-इशरत[12] मिरे पैमानों में
यास का दर्द है कमतर मेरे अफ़सानों में
कामरानी[13] है परअफ़शां[14] मिरे रूमानों[15] में
यास की[16] सई - ए - जुनूंख़ेज पे खंदां हूँ[17] मैं

---

1. प्रेम की मधुशाला का 2. मृदुभाषी गायक 3. चाँद के टुकड़ों (सुन्दरियों) का निशाना 4. गीत गा रहा हूँ 5. मेरी मान्यता के मन्दिर की मूर्तियाँ (सुन्दरियां) 6. गिरजाघरों के मृग (मृगनयनी सुन्दरियां) 7. काबे की चार- दीवारी (अन्तःपुर) की मृगनयनी स्त्रियाँ 8. साकार प्रेम 9. साकार कृपा 10. सुन्दरियों की महफ़िल की कृपाओं का केंद्र 11. तरंगित 12. सुख-रूपी मदिरा 13. सफलता 14. पंख फैलाए 15. प्रेम-कथाओं 16. निराशा की 17. उन्मादोत्पादक प्रयत्न पर हँसता हूँ

(95)

मेरे अफ़कार में[1] महताब की[2] तलअत[3] ग़लतां[4]
मेरी गुफ़तार में[5] है सुब्ह की नज़हत[6] ग़लतां
मेरे अशआर में है फूलों की नकहत[7] ग़लतां
रूहे - गुलज़ार[8] हूँ मैं जाने - गुलिस्तां हूँ मैं

लाख मजबूर हूँ मैं ज़ौके - ख़ुद - आराई से[9]
दिल है बेज़ार अब इस इश्रते - तन्हाई से
आंख मजबूर नहीं है मिरी बीनाई से[10]
महरमे - दर्दो ग़मे - आलमे - इन्सां[11] हूँ मैं

क्यों न चाहूँ कि हर इक हाथ में पैमाना हो
यासो-महरूमी-ओ-मजबूरी इक अफ़साना हो
आम अब फ़ैज़े-मए-ओ-साक़ी-ओ-मयख़ाना हो
रिंद हूँ और जिगर-गोशा-ए-रिंदां[12] हूँ मैं

अब ये अरमां कि बदल जाए जहां का दस्तूर
एक-इक आँख में हो ऐश-फ़राग़त का[13] सरूर
एक-इक जिस्म पे हो अतलसो-कमख़्वाबो-समूर
अब ये बात और है ख़ुद चाक-गरेबां[14] हूँ मैं

---

1. रचनाओं में 2. चाँद की 3. रूप 4. डूबी (घुली) हुई 5. बातचीत में 6. पवित्रता 7. सुगन्ध 8. बाग़ की आत्मा 9. आत्म-सज्जा की प्रवृत्ति से 10. ज्योति से 11. मनुष्य के दुःख-दर्द का मर्मज्ञ 12. मद्यपों के हृदय का टुकड़ा 13. ऐश्वर्य एवं सुख का 14. फटे दामन वाला

(96)

फ़ितरत ने सिखाई है हमको उफ़्ताद[1] यहां, परवाज़ यहां
गाए हैं वफ़ा के गीत यहां, छेड़ा है जुनूं का साज़ यहां

इस फ़र्श से हमने उड़-उड़ कर अफ़लाक[2] के तारे तोड़े हैं
नाहीद[3] से की है सरगोशी, परवीन[4] से रिश्ते जोड़े हैं

इस बज़्म में तेगें[5] खेंची हैं, इस बज़्म में साग़र तोड़े हैं
इस बज़्म में आँख बिछाई है, इस बज़्म में दिल तक जोड़े हैं

इस बज़्म में नेज़े[6] फेंके हैं, इस बज़्म में खंजर चूमे हैं
इस बज़्म में गिर कर तड़पे हैं, इस बज़्म में पीकर झूमे हैं

आ-आ के हज़ारों बार यहां खुद आग भी हमने लगाई है
फिर सारे जहां ने देखा है ये आग हमीं ने बुझाई है

यां हमने कमंदें डाली हैं, यां हमने शबख़ूं[7] मारे हैं
यां हमने क़बायें[8] नोची हैं, यां हमने ताज उतारे हैं

हर आह है ख़ुद तासीर[9] यहां, हर ख़ाब है ख़ुद ताबीर[10] यहां
तदबीर[11] के पाए-संगी[12] पर झुक जाती है तक़दीर यहां

ज़र्रात[13] का बोसा लेने को सौ बार झुका आकाश यहां
खुद आंख से हमने देखी है बातिल[14] की शिकस्ते फ़ाश[15] यहां

इस गुल कदए-पारीना[16] में फिर आग भड़कने वाली है
फिर अब्र[17] गरजने वाले हैं, फिर बर्क[18] कड़कने वाली है

---

1. बुनियाद, प्रारम्भ 2. आकाश 3, 4. तारों के नाम 5. तलवारें 6. भाले 7. रात में धावा बोलना 8. परिधान 9. प्रभाव 10. ख्वाब का अर्थ, वास्तविकता में बदलना 11. समाधान 12. पत्थर जैसे मजबूत पाँव 13. कणों 14. मिथ्या 15. करारी हार 16. प्राचीन उद्यान 17. बादल 18. बिजली

(97)

हिजाबे-फ़ित्ना-परवर[1] अब उठा लेती तो अच्छा था
ख़ुद अपने हुस्न को पर्दा बना लेती तो अच्छा था
तिरी नीची नज़र ख़ुद तेरी इस्मत की मुहाफ़िज़ है
तू इस नश्तर की तेज़ी आज़मा लेती तो अच्छा था

तिरी चीने-ज़बीं[2] ख़ुद इक सज़ा क़ानूने-फ़ितरत में
इसी शमशीर से कारे-सज़ा[3] लेती तो अच्छा था
ये तेरा ज़र्द रुख[4], ये ख़ुश्क लब, ये वहम, ये वहशत
तू अपने सर से ये बादल हटा लेती तो अच्छा था

दिले-मजरूह को[5] मजरूहतर करने से क्या हासिल
तू आंसू पोंछकर अब मुस्करा लेती तो अच्छा था
अगर ख़लवत में[6] तूने सर उठाया भी तो क्या हासिल
भरी महफ़िल में आकर सर झुका लेती तो अच्छा था

तिरे माथे का टीका मर्द की किस्मत का तारा है
अगर तू साज़े-बेदारी[7] उठा लेती तो अच्छा था
सिनानें[8] खैंच ली हैं सर-फिरे बाग़ी जवानों ने
तू सामाने-जराहत[9] अब उठा लेती तो अच्छा था

तिरे माथे पे ये आंचल बहुत ही ख़ूब है लेकिन
तू इस आंचल से इक परचम[10] बना लेती तो अच्छा था

---

1. उपद्रवकर्ता पर्दा 2. माथे का बल 3. दंड देने का कार्य 4. पीला मुखड़ा 5. घायल हृदय को 6. एकान्त में 7. जागरण का साज़ 8. भाले 9. शल्य-चिकित्सा- सम्बन्धी सामग्री 10. पताका

(98)

रुख़सत ऐ दिल्ली तिरी महफ़िल से अब जाता हूँ मैं
नौहागर[1] जाता हूँ मैं, नाला-ब-लब[2] जाता हूँ मैं

याद आएंगे मुझे तेरे ज़मीनो - आस्मां
रह चुके हैं मेरी जौलांगाह[3] तेरे बोस्तां[4]

तेरा दिल धड़का चुके हैं मेरे एहसासात भी
तेरे ऐवानों में[5] गूंजे हैं मिरे नग़मात भी

रश्के - शीराज़े - कुहन[6], हिन्दोस्तां की आबरू
सरज़मीने - हुस्नो - मौसीक़ी[7], बहिश्ते - रंगों - बू[8]

मा'बदे - हुस्नो - मोहब्बत[9] बारगाहे - सोज़ो - साज़[10]
तेरे बुतख़ाने हसीं, तेरा कलीसा दिलनवाज़

ज़िक्र यूसुफ़ का तो क्या कीजै तिरी सरकार में
ख़ुद जुलैख़ा आके बिकती है तिरे बाज़ार में

जन्नतें आबाद हैं तेरे दरो - दीवार में
और तू आबाद ख़ुद शायर के क़ल्बे-ज़ार में[11]

महफ़िले-साक़ी सलामत ! बज़्मे-अंजुम[12] बरक़रार
नाज़नीनाने - हरम पर[13] रहमते - पर्वर्दिगार[14]

याद आएगी मुझे बेतरह याद आएगी तू
ऐन वक़्ते-मैकशी[15] आँखों में फिर जाएगी तू

क्या कहूँ किस शौक़ से आया था तेरी बज़्म में
छोड़कर ख़ुल्दे-अलीगढ़[16] की हज़ारों महफ़िलें

---

1. विलाप करते हुए 2. होंठों पर आर्तनाद लिये हुए 3. दौड़ का मैदान (क्रीड़ा-स्थल) 4. उपवन 5. महलों में 6. प्राचीन फ़ारस देश की ईर्ष्या 7. सौन्दर्य तथा संगीत की धरती 8. रंग तथा सुगन्ध का स्वर्ग 9. सौन्दर्य तथा प्रेम का आराधना-स्थल 10. सोज़ और साज़ की राजसभा 11. क्षीण हृदय में 12. सितारों (सुन्दरियों) की सभा 13. अन्तःपुर की सुन्दरियों पर 14. भगवान् की कृपा 15. शराब पीते समय 16. अलीगढ़ का स्वर्ग

(99)

कितने रंगीं अहदो-पैमा[1] तोड़कर आया था मैं
दिल-नवाज़ाने-चमन को छोड़कर आया था मैं

इक निशेमन[2] मैंने छोड़ा, इक निशेमन छुट गया
साज़ बस छेड़ा ही था मैंने कि गुलशन छुट गया

दिल में सोज़े-ग़म की इक दुनिया लिये जाता हूँ मैं
आह तेरे मयकदे से बे-पिए जाता हूँ मैं

जाते-जाते लेकिन इक पैमां[3] किए जाता हूँ मैं
अपने अज़्मे-सरफ़रोशी की[4] क़सम खाता हूँ मैं

फिर तिरी बज़्मे-हसीं में लौटकर आऊंगा मैं
आऊंगा मैं और बाअन्दाज़े-दिगर[5] आऊंगा मैं

ओह वो चक्कर दिए हैं गर्दिशे-अय्याम ने[6]
खोलकर रख दी हैं आँखें तल्ख़ी-ए-आलाम ने[7]

फ़ितरते-दिल दुश्मने-नग़्मा हुई जाती है अब
ज़िन्दगी इक बर्क़[8] इक शो'ला हुई जाती है अब

सिर से पा तक[9] एक खूनी राग बनकर आऊंगा
लालाज़ारे - रंगो - बू में[10] आग बनकर आऊंगा

---

1. रंगीन वचन 2. घोंसला, नीड़ 3. प्रतिज्ञा 4. जान पर खेल जाने के संकल्प की 5. अन्य ढंग से 6. कालचक्र ने 7. दुःखों की कटुता ने 8. बिजली 9. सिर से पैर तक 10. रंग और सुगन्ध के उपवन में

(100)

जन्नते - शौक़[1] थी बेगाना-ए-आफ़ाते-समूम[2]
दर्द जब दर्द न हो, काविशे-दर्मां[3] मालूम

ख़ाक थे दीदा-ए-बेबाक में[4] गर्दूं के नुजूम[5]
बज़्मे-परवीं[6] थी निगाहों में कनीज़ों का[7] हुजूम

लैला-ए-नाज़-बर-अफ़गंदा निक़ाब[8] आती है
अपनी आँखों में लिये दावते-ख़्वाब[9] आती है

संग को[10] गौहरे-नायाबो-गिरां[11] जाना था
दश्ते-पुरख़ार को[12] फ़िर्दौसे-जवां[13] जाना था

रेग को[14] सिलसिला-ए-आबे-रवां[15] जाना था
आह ये राज़ अभी मैंने कहां जाना था।

मेरी हर फ़तह में है एक हज़ीमत[16] पिनहां[17]
हर मसर्रत में है राज़े-ग़मो-हसरत पिनहां

क्या सुनोगी मिरी मजरूह जवानी की पुकार
मेरी फरियादे-जिगरदोज़[18] मिरा नाला-ए-ज़ार[19]

शिद्दते-कर्ब में[20] डूबी हुई मेरी गुफ़्तार[21]
मैं कि ख़ुद अपने मज़ाक़-तरब-आगीं का[22] शिकार

वो गुदाज़े-दिले-मरहूम[23] कहाँ से लाऊं
अब मैं वो जज़्बा-ए-मासूम[24] कहाँ से लाऊं

---

1. प्रेम का स्वर्ग 2. विषाक्त वायु की विपत्तियों से अपरिचित 3. उपचार का प्रयत्न 4. निडर आँखों में 5. आकाश के नक्षत्र 6. सितारों जैसी सुन्दर सुकुमारियों की सभा 7. दासियों का 8. चेहरे पर नक़ाब डाले हुए रात 9. नींद का निमन्त्रण 10. पत्थर को 11. अलभ्य तथा अमूल्य मोती 12. कांटों भरे जंगलों को 13. युवा स्वर्ग 14. रेत को 15. बहते जल का सिलसिला 16. पराजय 17. निहित 18. दिल तोड़ने वाली फ़रियाद 19. दुःख-भरा आर्तनाद 20. उत्कट पीड़ा में 21. बातचीत 22. प्रसन्न-हृदयता की अभिरुचि का 23. मृत-हृदय की मृदुलता 24. सरल भावना

(101)

मेरे साए से डरो, तुम मिरी क़ुर्बत[1] से डरो
अपनी ज़ुर्रत की क़सम अब मेरी ज़ुर्रत से डरो
तुम लताफ़त[2] हो अगर मेरी लताफ़त से डरो
मार मेरे वादों से डरो, मेरी मोहब्बत से डरो

अब मैं अल्ताफ़ो-इनायत का[3] सज़ावार नहीं
मैं वफ़ादार नहीं, हां मैं वफ़ादार नहीं

अब मिरे पास तुम आई हो तो क्या आई हो !

---

1. सामीप्य 2. माधुर्य 3. कृपा का

(102)

इक नन्ही - मुन्नी सी पुजारिन
पतली बांहें, पतली गरदन

भोर भये मन्दिर आई है
आई नहीं है मां लाई है

वक़्त से पहले जाग उठी है
नींद अभी आंखों में भरी है

ठोड़ी तक लट आई हुई है
यूंही सी लहराई हुई है

आंखों में तारों की चमक है
मुखड़े पर चांदी की झलक है

कैसी सुन्दर है क्या कहिए
नन्ही सी इक सीता कहिए

धूप चढ़े तारा चमका है
पत्थर पर इक फूल खिला है

चांद का टुकड़ा, फूल की डाली
कमसिन, सीधी, भोली-भाली

कान में चांदी की बाली है
हाथ में पीतल की थाली है

दिल में लेकिन ध्यान नहीं है
पूजा का कुछ ज्ञान नहीं है

कैसी भोली और सीधी है
मन्दिर की छत देख रही है

माँ बढ़कर चुटकी लेती है
चुपके - चुपके हंस देती है

हँसना रोना उसका मज़हब
उसको पूजा से क्या मतलब

खुद तो आई है मन्दिर में
मन उसका है गुड़िया-घर में

(103)

मुझे शिकवा नहीं दुनिया की उन ज़ोहरा जबीनों से[1]
हुई है जिनसे मेरे शौक़-रुसवा की[2] पज़ीराई[3]

मुझे शिकवा नहीं उन पाक-बातिन[4] नुक्ताचीनों से[5]
लबे-मौज्ज़िनुमा ने[6] जिनके मुझ पर आग बरसाई

मुझे शिकवा नहीं तहज़ीब के उन पासबानों से[7]
न लेने दी जिन्होंने फितरते-शायर को[8] अंगड़ाई

मुझे शिकवा नहीं दैरो-हरम के[9] आस्तानों से[10]
वो, जिनके दर पे[11] की है मुद्दतों मैंने ज़बीं साई[12]

मुझे शिकवा नहीं उफ़्तादग़ाने - ऐशो - इश्रत से[13]
वो, जिनको मेरे हाले-ज़ार पर[14] अकसर हंसी आई

मुझे शिकवा नहीं उन साहबाने-जाहो सरवत से[15]
नहीं आई मिरे हिस्से में जिनकी एक भी पाई

ज़माने के निज़ामे-जंग-आलूदा से[16] शिकवा है
क्वानीने-कुहन[17], आईने-फ़र्सूदा[18] से शिकवा है

---

1. सुन्दरियों से 2. बदनाम इश्क़ की 3. अंगीकृत 4. शुद्ध हृदय 5. आलोचकों से 6. बुद्धि को आश्चर्य में डालने वाले होंठों (ज़बान) ने 7. रक्षकों से 8. कवि के स्वभाव या प्रकृति को 9. मन्दिर-मस्ज़िद के 10. चौखटों से 11 दरवाज़े पर 12. माथा रगड़ा 13. सुख-वैभव भोगने वालों से 14. दरिद्र दशा पर 15. धनवानों से 16. ज़ंग लगी व्यवस्था से 17, 18. पुराने और जर्जर नियमों तथा व्यवस्था से

(104)

दर्दो ग़मे-हयात का दरमाँ[1] चला गया
वह खिज्रे[2]-असरो-ईसए दौराँ चला गया

हिन्दू चला गया, न मुसलमाँ चला गया
इंसाँ की जुस्तजू में[3] इक इंसाँ चला गया

रक्साँ चला गया न ग़ज़लख़्वाँ चला गया
सोज़ो-गुदाज़ो-दर्द में ग़लताँ[4] चला गया

बरहम हैं ज़ुल्फ़े-कुफ़्र तो ईमाँ है सरनिगूँ[5]
वह फ़ख्रे-कुफ़्रे-नाज़िशो-ईमाँ चला गया

बीमारे-ज़िंदगी की करे कौन दिल दरीं
नव्वाज़ो - चारासाज़े - मरीज़ाँ चला गया

किसकी नज़र पड़ेगी अब 'असियाँ' पे लुत्फ़ की
वह मरहमे - नज़ाकते - असियाँ चला गया

वह राज़दारे - महफ़िले - याराँ नहीं रहा
वह ग़मगुज़ारे - महफ़िले - हरीफ़ाँ चला गया

अब काफ़िरी में रस्मो-रहे दिलबरी नहीं
ईमाँ की बात यह है कि ईमाँ चला गया

इक ब्रेखुदे - सुरूरे - दिलो - जाँ नहीं रहा
इक आशिक़े - सदाक़ते - पिन्हाँ[6] चला गया

वा चश्म नम है आज जुलेख़ाए-कायनात

ज़िंदांने - शिकन वह यूसुफ़ - ज़िंदां चला गया

---

1. चिकित्सा करनेवाला 2. पथ प्रदर्शक 3. खोज में 4. डूबा हुआ 5. झुका हुआ 6. आन्तरिक सत्य का प्रेमी

(105)

ऐ आर्ज़ू वह चशमए-हैवाँ न कर तलाश
ज़ुल्मात से[1] वह चशमए-हैवाँ चला गया

अब संगो-ख़िश्तो-ख़ाको-ख़िज़फ़ सरबुलंद हैं
ताजे-वतन का लाले-दरख़्शाँ[2] चला गया

अब अहरमन[3] के हाथ में है तेग़े-ख़ूँचकाँ[4]
ख़ुश है कि दस्तो-बाज़ुए-यज़्दाँ[5] चला गया

देओ बदी से मर्का-ए-सख़्त ही सही
यह तो नहीं कि ज़ोरे जवानाँ चला गया

क्या अहले - दिल में जज़्बए - ग़ैरत नहीं रहा
क्या अज़्में - सरफ़रोशिए - मर्दां चला गया

क्या बागियों की आतिशे-दिल[6] सर्द हो गई
क्या सरकशों का जज़्बए-पिन्हाँ[7] चला गया

क्या वो जुनूनो-जज़्बए-बेदार[8] मर गया
क्या वो शबाब हश्र बदामाँ चला गया

ख़ुश है बदी जो दाम[9] ये नेकी पे डाल के
रख देंगे हम बदी का कलेजा निकाल के

---

1. अँधेरों से 2. दीप्तिमान मोती 3. बदी यानी बुराई का ख़ुदा 4. खून सनी तलवार 5. आस्तिकों के हाथ और कलाई 6. दिल की आग 7. भीतरी जज़्बा 8. जाग्रत लोगों की भावना और उत्साह 9. फन्दा

(106)

छुप गये वो साज़े-हस्ती[1] छेड़ कर
अब तो बस आवाज़ ही आवाज़ है

हुस्न को नाहक़[2] पशेमां[3] कर दिया
ऐ जूनूं[4] ये भी कोई अंदाज़ है

सारी महफ़िल जिसपे झूम उट्ठी 'मजाज़'
वो तो आवाज़े-शिकस्ते-साज़[5] है

वो निक़ाब आप से उठ जाए तो कुछ दूर नहीं
वरना मेरी निगाहे-शौक़[6] भी मजबूर नहीं

ख़ातिरे-अहले-नज़र[7] हुस्न को मंज़ूर नहीं
इसमें कुछ तेरी ख़ता दीदा-ए-महजूर[8] नहीं

लाख छुपते हो मगर छुपके भी मस्तूर[9] नहीं
तुम अजब चीज़ हो, नज़दीक नहीं, दूर नहीं

जुर्रते-अर्ज़ पे[10] वो कुछ नहीं कहते लेकिन
हर अदा से ये टपकता है कि मंजूर नहीं

दिल धड़क उठता है ख़ुद अपनी ही आहट पर
अब क़दम मंज़िले-जानां[11] से बहुत दूर नहीं

हाय वो वक़्त कि जब बे-पिये मदहोशी थी
हाय ये वक़्त कि अब पीके भी मख़्मूर नहीं

---

1. जीवन-संगीत 2. व्यर्थ 3. लज्जित 4. उन्माद 5. साज़ के टूटने की आवाज़ 6. इच्छुक निगाह 7. पारखी जनों का दिल रखना 8. वियोगग्रस्त आँख 9. छुपे हुए 10. निवेदन के साहस पर 11. प्रेयसी तक पहुँचने की मंज़िल

(107)

क्या-क्या हुआ है हमसे जुनूं में[1] न पूछिए।
उलझे कभी ज़मीं से कभी आस्मां से हम

ठुकरा दिए हैं अक़्लो-ख़िरद के[2] सनमकदे[3]
घबरा चुके थे कश्मकशे-इम्तिहां से हम

बख्शी हैं हमको इश्क़ ने वो ज़ुर्रतें 'मजाज़'
डरते नहीं सियासते-अहले-जहां से[4] हम

साज़गार[5] है हमदम[6] इन दिनों जहां अपना
इश्क़ शादमां[7] अपना, शौक़[8] कामरां[9] अपना

आह बेअसर किसकी, नाला[10] नारसा[11] किसका
काम वारहा आया जज़्बा-ए-निहां[12] अपना

कब किया था इस दिल पर हुस्न ने करम[13] इतना
मेहरबान इस दर्जा, कब था आस्मां अपना

उलझनों से घबराए, मयकदे में दर आए[14]
किस क़दर तन-आसां[15] है ज़ौक़े-रायगां[16] अपना

इश्क़ और रुसवाई कौन सी नई शै है
इश्क़ तो अज़ल से[17] था रुसवाए-जहां अपना

तुम 'मजाज़' दीवाने मसलहत से बेगाने[18]
वरना हम बना लेते तुमको राज़दां[19] अपना

---

1. उन्माद में 2. बुद्धि और होश के 3. मन्दिर 4. संस्वर वालों की राजनीति से 5. अनुकूल 6. साथी 7. इश्क़ 8. आह्लादित 9. सफल 10. आर्तनाद 11. न पहुँचने वाला 12. निहित भावना 13. कृपा 14. आ गये 15. आलसी 16. व्यर्थ का शौक़ या इश्क़ 17. आदिकाल से 18. हित से अपरिचित 19. भेदी

(108)

ये जहां बारगहे - रत्ले - गिरां[1] है साक़ी
इक जहन्नुम मिरे सीने में तपां है[2] साक़ी

जिसने बर्बाद किया माइले-फ़रियाद[3] किया
वो मोहब्बत अभी इस दिल में जवां है साक़ी

एक दिन आदमो-हव्वा भी किये थे पैदा
वो उख़ुव्वत[4] तिरी महफ़िल में कहाँ है साक़ी

माहो-अंजुम[5] मिरे अश्कों से गुहरताब[6] हुए
कहकशां[7] नूर की इक जूए-रवां[8] है साक़ी

हुस्न ही हुस्न है जिस सिम्त[9] भी उठती है नज़र
कितना पुरकैफ़ ये[10] मंज़र[11] ये समां है[12] साक़ी

ज़मज़मा[13] साज़ का पायल के छनाके की तरह
बेहतर-अज़ शोरिशे-नाक़ूसो-अज़ां[14] है साक़ी

मेरे हर लफ़्ज़ में बेताब मिरा सोज़े-दरूं[15]
मेरी हर सांस मोहब्बत का धुआं है साक़ी

---

1. बहुमूल्य शराब के प्याले की राजसभा (मधुशाला) 2. जल रहा है 3. फ़रियाद करने पर विवश 4. बन्धुत्व 5. चाँद, सितारे 6. आँसुओं से मोतियों जैसे चमकदार 7. आकाश-गंगा 8. प्रकाश की बहती नदी 9. ओर 10. आनन्ददायक 11. दृश्य 12. समय 13. संगीत 14. शंख और अज़ान की आवाज़ से बेहतर 15. भीतरी जलन

(109)

तस्कीने-दिले-महज़ूं न हुई[1], वो सई-ए-करम फ़र्मा भी गए[2]
इस सई-ए-करम को क्या कहिए, बहला भी गये तड़पा भी गए

इक अर्ज़े-वफ़ा भी कर न सके, कुछ कह न सके, कुछ सुन न सके
यां हमने ज़बां ही खोली थी, वां आंख झुकी शरमा भी गए

आशुफ़्तगी-ए-वहशत की[3] क़सम, हैरत की क़सम, हसरत की क़सम
अब आप कहें कुछ या न कहें हम राज़े-तबस्सुम[4] पा भी गए

रूदादे-ग़मे-उल्फ़त[5] उनसे हम क्या कहते, क्योंकर कहते
इक हर्फ़[6] न निकला होंठों से और आंख में आंसू आ भी गए

अर्बाबे-जुनूं पर[7] फुरक़त में[8] अब क्या कहिए क्या-क्या गुज़रा
आये थे सवादे-उल्फ़त में[9] कुछ खो भी गए, कुछ पा भी गए

ये रंगे-बहारे-आलम[10] है, क्यों फ़िक्र है तुझको ऐ साक़ा
महफ़िल तो तिरी सूनी न हुई, कुछ उठ भी गए, कुछ आ भी गए

उस महफ़िले - कैफ़ो - मस्ती में, उस अंजुमने - इर्फ़ानी में[11]
सब जाम-ब-कफ़[12] बैठे ही रहे, हम पी भी गए, छलका भी गए

---

1. दुःखित हृदय शान्त न हुआ 2. कृपा करने की कोशिश 3. उपेक्षा की खिन्नता की 4. मुस्कुराहट का भेद 5. प्रेम के दुःखों की कहानी 6. शब्द 7. उन्माद-ग्रस्तों (आशिक़ों) पर 8. बिछोह में 9. प्रेम-नगरी की सीमा में 10. संसार के वसन्त की स्थिति 11. ब्रह्मज्ञानियों की सभा में 12. प्याला हाथ में लिये

(110)

दिले - खूं - गश्ता - ए - जफ़ा पे[1] कहीं
अब करम[2] भी गिरां[3] न हो जाए

तेरे बीमार का ख़ुदा हाफ़िज़
नजे - चारागरां[4] न हो जाए

इश्क़ क्या - क्या न आफ़तें ढाए
हुस्न गर मेह्‌बां न हो जाए

मय के[5] आगे ग़मों का कोहे-गिरां[6]
एक पल में धुआं न हो जाए

फिर 'मजाज़' इन दिनों ये ख़तरा है
दिल हलाके - बुतां[7] न हो जाए

---

1. उपेक्षा द्वारा घायल मन पर 2. कृपा 3. बोझल, असह्य 4. उपचारकों की भेंट 5. शराब के 6. बहुत बड़ा पहाड़ 7. सुन्दरियों द्वारा हताहत

(111)

दर्द की दौलते - बेदार[1] अता[2] हो साक़ी
हम बही-ख़्वाह[3] सभी के हैं, भला हो साक़ी

सख़्तजां[4] ही नहीं हम ख़ुदसर-ओ-ख़ुद्दार[5] भी हैं
नावके-नाज़[6] ख़ता है[7] तो ख़ता हो साक़ी

सअई-ए-तद्बीर में[8] मुज़मर[9] है इक आहे-जांसोज़[10]
इस का इनआम सज़ा हो कि जज़ा[11] हो साक़ी

सीना-ए-शौक़ में[12] वो ज़ख्म कि लौदे उट्ठे
और भी तेज़ ज़माने की हवा हो साक़ी

आंधियां उट्ठी हैं, सुनसान है मयख़ाना-ए-शौक़[13]
अब तो इक सिजदा-ए-मा'सूम[14] रवा हो[15] साक़ी

---

1. जागृत धन 2. प्रदान 3. शुभचिन्तक 4. जिसके प्राण कठिनता से निकलें 5. मुँहज़ोर तथा स्वाभिमानी 6. नाज़ रूपी तीर 7. चूक गया है 8. कर्म करने के प्रयत्न में 9. निहित 10. जानलेवा आह 11. शुभ प्रतिफल 12. इश्क़ रूपी छाती में 13 इश्क़ रूपी मधुशाला 14. मासूम की प्रार्थना 15. स्वीकार हो

(112)

मुझे साग़र दोबारा मिल गया है
तलातुम में[1] किनारा मिल गया है
मिरी बादा - परस्ती[2] पर न जाओ
जवानी को सहारा मिल गया है

इश्क़ का ज़ौके-नज़ारा[3] मुफ़्त में बदनाम है
हुस्न ख़ुद बेताब है जलवे दिखाने के लिए

वादा तेरा गो वादा-ए-बातिल[4] तो नहीं है
ये बाइसे-तस्कीने-ग़मे-दिल[5] तो नहीं है
क्यों ख़ुश है कोई ख़स्ता-ओ-वामांदा-ए-तूफ़ां[6]
ये मौजे-बला है कोई साहिल तो नहीं है

दिल को मह्वे-ग़मे-दिलदार[7] किए बैठे हैं
रिंद[8] बनते हैं मगर ज़हर पिए बैठे हैं
चाहते हैं कि हर इक ज़र्रा शिगूफ़ा[9] बन जाए
और ख़ुद दिल ही में इक ख़ार[10] लिये बैठे हैं

वक़्त की सई-ए-मुसलसल[11] कारगर[12] होती गई
जिंदगी लहज़ा-ब-लहज़ा[13] मुख़्तसर होती गई
सांस के पर्दों में बजता ही रहा साज़े-हयात[14]
मौत के क़दमों की आहट तेज़तर होती गई

---

1. तूफ़ान में 2. मदिरा पान 3. देखने की चाह 4. झूठा वायदा 5. मन की अशान्ति के लिए शान्ति का साधन 6. तूफ़ान के हाथों श्रांत तथा शिथिल 7. प्रेयसी के ग़म में तल्लीन 8. मद्यप 9. कली 10. कांटा 11. निरन्तर प्रयत्न 12. सफल 13. क्षण-प्रति-क्षण 14. जीवन का साज़

(113)

बस इस तक़्सीर[1] पर अपने मुक़द्दर में है मर जाना
तबस्सुम को तबस्सुम क्यूँ नज़र को क्यूँ नज़र जाना

ख़िरद[2] वालों से हुस्न ओ इश्क़ की तन्क़ीद क्या होगी
न अफ़्सून-ए-निगह समझा न अंदाज़-ए-नज़र जाना

मय-ए-गुलफ़ाम[3] भी है साज़-ए-इशरत भी है साक़ी भी
बहुत मुश्किल है आशोब-ए-हक़ीक़त से गुज़र जाना

ग़म-ए-दौराँ[4] में गुज़री जिस क़दर गुज़री जहाँ गुज़री
और इस पर लुत्फ़ ये है ज़िंदगी को मुख़्तसर[5] जाना

---

1. गलती 2. विवेक 3. फूलों के रंग वाली शराब 4. जमाने का गम 5. कम

(114)

आओ अब मिल के गुलिस्ताँ को गुल्सिताँ कर दें
हर गुल-ओ-लाला को रक़्साँ ओ ग़ज़ल-ख़्वाँ[1] कर दें

अक़्ल है फ़ित्ना-ए-बेदार सुला दें इस को
इश्क़ की जिंस-ए-गिराँ-माया को अर्ज़ां[2] कर दें

दस्त-ए-वहशत[3] में ये अपना ही गरेबाँ कब तक
ख़त्म अब सिलसिला-ए-चाक-ए-गरेबाँ कर दें

ख़ून-ए-आदम पे कोई हर्फ़ न आने पाए
जिन्हें इंसाँ नहीं कहते उन्हें इंसाँ कर दें

दामन-ए-ख़ाक पे ये ख़ून के छींटे कब तक
इन्हीं छींटों को बहिश्त-ए-गुल-ओ-रैहाँ कर दें

माह ओ अंजुम भी हों शर्मिंदा-ए-तनवीर 'मजाज़'
दश्त-ए-ज़ुल्मात[4] में इक ऐसा चराग़ाँ[5] कर दें

---

1. ग़ज़ल गाने वाला 2. भरपूर 3. पागलपन 4. नाउम्मीदी का घेरा 5. रोशन

(115)

अक़्ल की सतह से कुछ और उभर जाना था
इश्क़ को मंज़िल-ए-पस्ती से गुज़र जाना था

जल्वे थे हल्क़ा-ए-सर दाम-ए-नज़र से बाहर
मैं ने हर जल्वे को पाबंद-ए-नज़र जाना था

हुस्न का ग़म भी हसीं फ़िक्र हसीं दर्द हसीं
उन को हर रंग में हर तौर सँवर जाना था

हुस्न ने शौक़ के हंगामे तो देखे थे बहुत
इश्क़ के दावा-ए-तक़दीस से डर जाना था

ये तो क्या कहिए चला था मैं कहाँ से हमदम
मुझ को ये भी न था मालूम किधर जाना था

हुस्न और इश्क़ को दे ताना-ए-बेदाद 'मजाज़'
तुम को तो सिर्फ़ इसी बात पर मर जाना था

(116)

करिश्मा-साजी-ए-दिल देखता हूँ
तुम्हें अपने मुक़ाबिल[1] देखता हूँ

जहाँ मंज़िल का इम्काँ ही नहीं है
वहाँ आसार-ए-मंज़िल देखता हूँ

सदा[2] दी तू ने क्या जाने कहाँ से
मगर मैं जानिब-ए-दिल[3] देखता हूँ

कहाँ का रहनुमा और कैसी राहें
जिधर बढ़ता हूँ मंज़िल देखता हूँ

इशारा है तिरा तूफ़ाँ की जानिब
मगर मैं हूँ कि साहिल देखता हूँ

मोहब्बत ही मोहब्बत है जहाँ पर
मोहब्बत की वो मंज़िल देखता हूँ

मिरे हाथों में भी है साज़ लेकिन
अभी मैं रंग-ए-महफ़िल देखता हूँ

तिरे हाथों से जो टूटा था इक दिन
वही टूटा हुआ दिल देखता हूँ

कभी तूफ़ाँ ही तूफ़ाँ है नज़र में
कभी साहिल ही साहिल देखता हूँ

ग़ुरूर-ए-हुस्न-ए-बातिल पर नज़र है
नियाज़-ए-इश्क़-ए-कामिल देखता हूँ

'मजाज़' और हुस्न के क़दमों पे सज्दे
मआल-ए-ज़ोम-ए-बातिल देखता हूँ

---

1. बराबर 2. पुकार 3. दिल की तरफ

(117)

यूँही बैठे रहो बस दर्द-ए-दिल से बे-ख़बर हो कर
बनो क्यूँ चारागर[1] तुम क्या करोगे चारागर हो कर

दिखा दे एक दिन ऐ हुस्न-ए-रंगीं जल्वा-गर हो कर
वो नज़्ज़ारा जो इन आँखों में रह जाए नज़र हो कर

दिल-ए-सोज़-आशना के जल्वे थे जो मुंतशिर[2] हो कर
फ़ज़ा-ए-दहर में चमका किए बर्क़[3] ओ शरर[4] हो कर

वही जल्वे जो इक दिन दामन-ए-दिल से गुरेज़ाँ थे
नज़र में रह गए गुल-हा-ए-दामान-ए-नज़र हो कर

फ़लक की सम्त किस हसरत से तकते हैं मआ'ज़-अल्लाह
ये नाले ना-रसा हो कर ये आहें बे-असर हो कर

ये किस के हुस्न के रंगीन जल्वे छाए जाते हैं
शफ़क़ की सुर्ख़ियाँ बन कर तजल्ली-ए-सहर[5] हो कर

---

1. चिकित्सक 2. चिंता 3. बिजली 4. चिंगारी 5. सुबह की रोशनी

(118)

धुआँ सा इक सम्त[1] उठ रहा है शरारे उड़ उड़ के आ रहे हैं
ये किस की आहें ये किस के नाले तमाम आलम पे छा रहे हैं

नक़ाब रुख़ से उठा चुके हैं खड़े हुए मुस्कुरा रहे हैं
मैं हैरती-ए-अज़ल हूँ अब भी वो ख़ाक हैराँ बना रहे हैं

हवाएँ बे-ख़ुद फ़ज़ाएँ बे-ख़ुद ये अम्बर-अफ़शाँ घटाएँ बे-ख़ुद
मिज़ा ने छेड़ा है साज़ दिल का वो ज़ेर-ए-लब[2] गुनगुना रहे हैं

ये शौक़ की वारदात-ए-पैहम ये वादा-ए-इल्तिफ़ात-ए-पैहम
कहाँ कहाँ आज़मा चुके हैं कहाँ कहाँ आज़मा रहे हैं

सुराहियाँ नौ-ब-नौ हैं अब भी जमाहियाँ नौ-ब-नौ हैं अब भी
मगर वो पहलू-तही की सौगंद अब भी नज़दीक आ रहे हैं

वो इश्क़ की वहशतों[3] की ज़द में वो ताज की रिफ़अतों के आगे
मगर अभी आज़मा रहे हैं मगर अभी आज़मा रहे हैं

अता किया है 'मजाज़' फ़ितरत[4] ने वो मज़ाक़-ए-लतीफ़ हम को
कि आलम-ए-आब-ओ-गिल से हट कर इक और आलम बना रहे हैं

---

1. ओर 2. धीरे से 3. उजड्डपन 4. स्वभाव

(119)

न हम-आहंग-ए-मसीहा न हरीफ़-ए-जिब्रील
तेरा शाइर कि है ज़िंदानीए-गेसू-ए-जमील

किस की आँखों में ये ग़लताँ[1] है जवानी की शराब
खोल दी आह ये किस ने मय-ए-गुल-गूँ[2] की सबील[3]

किस तरफ़ जाए कहाँ जाए बता दो कोई
ज़ुल्फ़-ए-पुर-ख़म[4] का गिरफ़्तार निगाहों का क़तील

आलम-ए-यास में क्या चीज़ है इक साग़र-ए-मय[5]
दश्त-ए-ज़ुल्मात में जिस तरह ख़िज़्र की क़िंदील

कितनी दुश्वार है पीरान-ए-हरम की मंज़िल
इस तरफ़ फ़ित्ना-ए-इब्लीस उधर रब्ब-ए-जलील

उफ़ ये तूफ़ान-ए-नशात और मिरी तब-ए-हज़ीं
आह ये यूरिश-ए-नाज़[6] और मैं मजरूह ओ अलील

आह वो होश का आलम वो ग़मों का तूफ़ाँ
उफ़ ये मस्ती कि है फिर होश में आने की दलील

---

1. फंसा हुआ 2. गुलाब के फूल जैसी सुगन्धित शराब 3. शराब पिलाने का स्थान 4. घुंघराले बाल 5. शराब का प्याला 6. दुःख का पहाड़

(120)

दामन-ए-दिल पे नहीं बारिश-ए-इल्हाम अभी
इश्क़ ना-पुख़्ता अभी जज़्ब-ए-दरूँ[1] ख़ाम[2] अभी

ख़ुद ही झुकता हूँ कि दावा-ए-जुनूँ क्या कीजिए
कुछ गवारा भी है ये क़ैद-ए-दर-ओ-बाम अभी

ये जवानी तो अभी माइल-ए-पैकार नहीं
ये जवानी तो है रुस्वा-ए-मय-ओ-जाम अभी

वाइज़ ओ शैख़ ने सर जोड़ के बदनाम किया
वर्ना बदनाम न होती मय-ए-गुलफ़ाम[3] अभी

मैं ब-सद-ब-सद-फ़ख़्रिया ज़ुहहाद से कहता हूँ 'मजाज़'
मुझ को हासिल, शर्फ़-ए-बैअत-ए-ख़य्याम अभी

---

1. अंदरूनी जज्बा और एहसास 2. जिस्म का वह मवाद जो पका न हो 3. फूलों के रंग वाली शराब

(121)

रुख़्सत ऐ हम-सफ़रो शहर-ए-निगार[1] आ ही गया
ख़ुल्द भी जिस पे हो क़ुर्बां वो दयार[2] आ ही गया

ये जुनूँ-ज़ार मिरा मेरे ग़ज़ालों[3] का जहाँ
मेरा नज्द आ ही गया मेरा ततार[4] आ ही गया

आज फिरता ब-चमन दरपय-ए-गुल-हा-ए-चमन
गुनगुनाता हुआ ज़ंबूर-ए-बहार आ ही गया

गेसुओं वालों में अबरू के कमाँ-दारों में
एक सैद आ ही गया एक शिकार आ ही गया

बाग़बानों को बताओ गुल-ओ-नस्रीं से कहो
इक ख़राब-ए-गुल-ओ-नसरीन-ए-बहार आ ही गया

ख़ैर-मक़्दम[5] को मिरे कोई ब-हंगाम-ए-सहर
अपनी आँखों में लिए शब का ख़ुमार आ ही गया

ज़ुल्फ़ का अब्र-ए-सियह बाज़ू-ए-सीमीं पे लिए
फिर कोई ख़ेमा-ज़न-ए-साज़-ए-बहार आ ही गया

हो गई तिश्ना-लबी आज रहीन-ए-कौसर
मेरे लब पर लब-ए-ल'अलीन-ए-निगार आ ही गया

---

1. शहर की खूबसूरती 2. शहर 3. हिरण 4. सिपाही 5. स्वागत

(122)

ये तीरगी-ए-शब[1] ही कुछ सुब्ह-तराज़ आती
ख़ुद वादा-ए-फ़र्दा की छाती भी धड़क जाती

होंटों पे हँसी पैहम आते हुए शरमाती
अब रात नहीं कटती अब नींद नहीं आती

जो अव्वल ओ आख़िर था वो अव्वल ओ आख़िर है
मैं नाला-ब-जाँ उठता वो नग़्मा-ब-साज़ आती

सोज़-ए-शब-ए-हिज्राँ फिर सोज़-ए-शब-ए-हिज्राँ है
शबनम ब-मिज़ा उठती या ज़ुल्फ़-ए-दराज़[2] आती

या-रब वो जवानी भी क्या महशर-ए-अरमाँ थी
अंगड़ाई भी जब लेती एक आँख झपक जाती

आग़ाज़-ए-सियह-मस्ती अंजाम-ए-सियह-मस्ती
आईने में सूरत भी आने की क़सम खाती

सीने में 'मजाज़' अब तक वो जज़्बा-ए-काफ़िर था
तसलीस[3] की जोइंदा[4] वहदत[5] की क़सम खाती

---

1. रात का अँधेरा 2. लम्बे बाल 3. तीन कर देना 4. तलाश करने वाला 5. एकता

(123)

जलाल-ए-आतिश-ओ-बर्क़-ओ-सहाब पैदा कर
अजल भी काँप उठे वो शबाब पैदा कर

तिरे ख़िराम[1] में है ज़लज़लों का राज़ निहाँ
हर एक गाम पर इक इंक़लाब पैदा कर

सदा-ए-तीशा-ए-मज़दूर है तिरा नग़्मा
तू संग-ओ-ख़िश्त से चंग-ओ-रुबाब[2] पैदा कर

बहुत लतीफ़[3] है ऐ दोस्त तेग़[4] का बोसा
यही है जान-ए-जहाँ इस में आब पैदा कर

तिरे क़दम पे नज़र आए महफ़िल-ए-अंजुम
वो बाँकपन वो अछूता शबाब पैदा कर

तिरा शबाब अमानत है सारी दुनिया की
तू ख़ार-ज़ार-ए-जहाँ में गुलाब पैदा कर

सुकून-ए-ख़्वाब है बे-दस्त-ओ-पा ज़ईफ़ी का
तू इज़्तिराब[5] है ख़ुद इज़्तिराब पैदा कर

न देख ज़ोहद की तू इस्मत-ए-गुनह-आलूद
गुनह में फ़ितरत-ए-इस्मत-मआब पैदा कर

तिरे जिलौ में नई जन्नतें नए दोज़ख़
नई जज़ाएँ अनोखे अज़ाब पैदा कर

शराब खींची है सब ने ग़रीब के ख़ूँ से
तू अब अमीर के ख़ूँ से शराब पैदा कर

गिरा दे क़स्र-ए-तमद्दुन कि इक फ़रेब है ये
उठा दे रस्म-ए-मोहब्बत अज़ाब पैदा कर

जो हो सके हमें पामाल[6] कर के आगे बढ़
जो हो सके तो हमारा जवाब पैदा कर

बहे ज़मीं पे जो मेरा लहू तो ग़म मत कर
इसी ज़मीं से महकते गुलाब पैदा कर

तू इंक़लाब की आमद का इंतिज़ार न कर
जो हो सके तो अभी इंक़लाब पैदा कर

---

1. नाजुक चाल 2. गाना बजाना 3. मजेदार 4. तलवार 5. बेचैनी 6. तबाह

(124)

फ़िरदौस-ए-हुस्न-ओ-इश्क़ है दामान-ए-लखनऊ
आँखों में बस रहे हैं ग़ज़ालान-ए-लखनऊ

सब्र-आज़मा है ग़मज़ा-ए-तुर्कान-ए-लखनऊ
रश्क-ए-ज़नान-ए-मिस्र कनीज़ान-ए-लखनऊ

हर सम्त[1] इक हुजूम-ए-निगारान-ए-लखनऊ
और मैं कि एक शोख़-ग़ज़ल-ए-ख़्वान-ए-लखनऊ

मुतरिब भी है शराब भी अब्र-ए-बहार भी
शीराज़[2] बन गया है शबिस्तान-ए-लखनऊ

तोले हुए है तेग़-ओ-सिनाँ हुस्न-ए-बे-नक़ाब
नावक-फ़गन है जल्वा-ए-पिन्हान-ए-लखनऊ

इक नौ-बहार-ए-नाज़ को ताके है फिर निगाह
वो नौ-बहार-ए-नाज़ कि है जान-ए-लखनऊ

दस्त-ए-जुनूँ को रोकिए ये ख़ब्त[3] छोड़िए
रुस्वा[4] है यूँही चाक-ए-गरेबान-ए-लखनऊ

कुछ रोज़ का मुसाफ़िर-ओ-मेहमाँ हूँ और क्या
क्यूँ बद-गुमाँ हों यूसुफ़-ए-कनआ'न-ए-लखनऊ

अब उस के बा'द सुब्ह है और सुब्ह-ए-नौ 'मजाज़'
हम पर है ख़त्म शाम-ए-ग़रीबान-ए-लखनऊ

---

1. ओर 2. इरान का मशहूर शहर 3. जुनून 4. बदनाम

(125)

मैं हूँ 'मजाज़' आज भी ज़मज़मा-ए-संज-ओ-नग़्मा-ख़्वाँ
शाइर-ए-महफ़िल-ए-वफ़ा मुतरिब-ए-बज़्म-ए-दिलबराँ

आज भी ख़ार-ज़ार-ए-ग़म ख़ुल्द-ए-बरीं मिरे लिए
आज भी रह-गुज़ार-ए-इश्क़ मेरे लिए है कहकशाँ[1]

आज भी गा रहा हूँ मैं साज़-ए-जुनूँ लिए हुए
सोज़-ए-निहाँ से आज भी रूह-ए-तपाँ है दिल-तपाँ

आज भी ज़िंदगी मिरी ग़र्क़-ए-शराब-ए-तुंद-ओ-तेज़
आज भी हाथ में मिरे जाम-ए-शराब-ए-अर्ग़वाँ

आज भी है रची हुई आज भी है बसी हुई
मेरे नफ़स[2] में ख़ुल्द[3] की नुज़हत-ओ-निकहत-ए-जवाँ

आज भी नुक्ता-चीं हूँ मैं ख़ल्वतियान-ए-ख़ास का
ख़ल्वतियान-ए-ख़ास का आज भी हूँ मिज़ाज-दाँ

आज भी अश्क-ए-ख़ूँ मिरा क़श्क़ा[4] जबीन-ए-नाज़ का
आज भी ख़ाक-ए-दिल मिरी सुरमा-ए-चश्म-ए-गुल-रुख़ाँ

आज भी दिल को है मिरे दौलत-ए-आगही नसीब
आज भी है नज़र मिरी अर्ज़-ओ-समाँ की राज़-दाँ

आज भी है जुनूँ मिरा दैर-ओ-हरम पे ख़ंदा-ज़न
आज भी मुझ से बद-हवास दैर-ओ-हरम[5] के पासबाँ

आज भी साज़ से मिरे गर्मी-ए-बज़्म-ए-सर-कशी
आज भी आतिश-ए-सुख़न शो'ला-फ़िशाँ शरर-फ़िशाँ

आज भी है लिखी हुई सुर्ख़ हुरूफ़ में 'मजाज़'
दफ़्तर-ए-शहर-ए-यार में मेरे जुनूँ की दास्ताँ

---

1. आकाश गंगा 2. क्षण 3. स्वर्ग 4. तिलक 5. मंदिर मस्जिद

(126)

ज़ीस्त[1] बे-इख़्तियार[2] गुज़री है
जूँ नसीम-ए-बहार गुज़री है
दिल में बरपा क़यामतें करती
निगह-ए-शर्मसार गुज़री है
साग़र ओ साज़ दूर ही रखिए
वर्ना यूँ भी बहार गुज़री है
ज़मज़मा-संज ओ ज़रफ़िशाँ निकहत
फिर सबा पर सवार गुज़री है
क्या गुज़रगाह[3] है मोहब्बत की
ख़ुद-ब-ख़ुद बार बार गुज़री है
इक दुर-ए-शहवार-ए-सद-बुसताँ
फिर लब-ए-जूएबार गुज़री है
हाए शीरीनी-ए-लब-ए-लालीं
मुस्कुराती बहार गुज़री है
वाए तूफ़ान-ए-सीना-ए-सीमीं
दुख़्तर[4]-ए-कोहसार[5] गुज़री है
ज़िंदगी की जमील[6] राहों से
ख़ुद अजल शर्मसार गुज़री है

---

1. जिन्दगी 2. बेकाबू 3. रास्ते 4. लड़की 5. पहाड़ 6. सुन्दर

(127)

दिल मसर्रत[1] की फ़रावानी[2] से दीवाना है आज
देखना ये कौन आख़िर ज़ेब-ए-काशाना है आज

कैफ़-ए-सहबा-ए-तरब में ग़र्क़-ए-मय-ख़ाना है आज
हर शजर साक़ी-ए-मय हर फूल पैमाना है आज

ग़ुंचा-ओ-गुल[3] थे यही लेकिन ये रानाई न थी
इस गुलिस्ताँ में बहार इस धूम से आई न थी

नर्गिस-ए-मख़मूर[4] है लज़्ज़त-ए-कश-ए-ख़्वाब-ए-निशात
फूट निकला है गुल-ए-नसरीं से सैलाब-ए-नशात

अहल-ए-महफ़िल के लिए मुश्किल है अब ताब-ए-नशात[5]
आज पैमानों से छलकेगी मय-ए-नाब-ए-नशात

पर-फ़िशाँ है जज़्बा-ए-पिन्हाँ उभरने के लिए
मुज़्तरिब है ज़र्रा ज़र्रा रक़्स करने के लिए

---

1. ख़ुशी 2. अधिकता 3. कलियाँ और फूल 4. नशीली आँख 5. ख़ुशी

(128)

फिर इधर आए न आए ये शमीम-ए-जाँ-फ़ज़ा
फिर मयस्सर[1] हो न हो ऐसा समाँ ऐसी हवा

छेड़ इस अंदाज़ से ऐ मुतरिब-ए-रंगीं-नवा
टूट जाए आज इक इक तार तेरे साज़ का

ज़िक्र जिस का ज़ोहरा-ओ-परवीं के काशाने में है
वो सनम भी आज अपने ही सनम-ख़ाने में है

ख़ालिदा तू है बहिश्त-ए-तुर्कमानी की बहार
तेरी पेशानी[2] पे नूर-ए-हुर्रियत-ए-आईना-कार

तेरे रुख़ से परतव-ए-मा'सूम-ए-मरियम आश्कार[3]
तेरे जलवों की सबाहत[4] से फ़रिश्ते शर्मसार

गुल पशेमाँ क़ल्ब-ए-बुलबुल रश्क से दो-नीम है
तेरी बातों में ख़ुमार-ए-कौसर-ओ-तसनीम हैं

यूँ तो हम हर शम-ए-इल्म-ओ-फ़न के परवाने रहे
ये हक़ीक़त है कि हम तेरे भी दीवाने रहे

मुद्दतों अपनी ज़बाँ पर तेरे अफ़्साने रहे
तू रही बेगाना लेकिन हम न बेगाने रहे

---

1. मिलना 2. माथा 3. व्यक्ति 4. गोरापन

(129)

याद तेरी इक ज़माने से हमारी दिल में थी
तू यहाँ आने से पहले भी इसी महफ़िल में थी

शौक़ की शोरिश[1] जमाल-ओ-नूर का सैलाब है
हर कली साज़-ए-तरब है हर नज़र मिज़राब[2] है

आँख हैराँ रूह-ए-अर्बाब-ए-वफ़ा बेताब है
ये हमारे ख़्वाब की ता'बीर है ये ख़्वाब है

लाला-ओ-गुल क्या चमन भी तेरे क़दमों पर निसार
ये गुहर-हा-ए-सुख़न भी तेरे क़दमों पर निसार

ऐ मुक़द्दस हूर ऐ पर्वर्दा-ए-मौज-ए-नसीम
रूह-ए-इशरत-गाह-ए-साहिल जान-ए-तूफ़ान-ए-अज़ीम

तू ने तुर्कों को दिखाई है सिरात-ए-मुस्तक़ीम
फूँक डाले हैं तअ'स्सुब के हिजाबात-ए-क़दीम

ज़ोफ़ दिखलाई है जब भी फ़ितरत-ए-अहरार ने
आग बरसा दी है तेरे नुत्क़-ए-गौहर-बार ने

रह चुकी है हाथ में तेरे वो तेग़-ए-बे-नियाम
जिस की जुम्बिश ने बदल डाला हुकूमत का निज़ाम

तर्क-ए-उफ़्तादा को तू ने ही दिया इज़्न-ए-ख़िराम
तेरे ही हाथों ने छलकाए हैं आज़ादी के जाम

तू ने जो एहसाँ किया हैं मिल्लत-ए-अहरार पर
नक़्श हैं अब तक सँवरना के दर-ओ-दीवार पर

हाँ बता दे हम को भी ऐ रूह-ए-अर्बाब-ए-नियाज़
किस तरह मिटता है आख़िर रंग-ओ-ख़ूँ का इम्तियाज़[3]

दिल पे क्यूँ कर फ़ाश हो जाते हैं आज़ादी के राज़
छेड़ते हैं किस तरह महफ़िल में बेदारी[4] का साज़

तेरी आँखों में सुरूर-ए-इशरत-ए-जम्हूर है
आह ये जौहर हमारी दस्तरस से दूर है

---

1. हलचल 2. तार का बना हुआ एक प्रकार का छल्ला 3. भेदभाव 4. नींद से जागना

(130)

महरम-ए-दर्द-ओ-मसर्रत राज़-दार-ए-सुब्ह-ओ-शाम
महफ़िल-ए-फ़ितरत की ख़मोशी है तुझ से हम-कलाम

तेरी हस्ती आसमान-ए-तर्क का माह-ए-तमाम
तू मोहब्बत हर नफ़स तेरा मोहब्बत का पयाम

गुलशन-ए-महफ़िल में मानिन्द-ए-सबा आई है तू
सुब्ह-ए-रौशन का पयाम-ए-जाँ-फ़ज़ा लाई है तू

क़ुर्बत-ए-गुल किस क़दर जाँ-बख़्श है ख़ारों से पूछ
चाँद की तनवीर में क्या लुत्फ़ है तारों से पूछ

नश्शा-ए-सहबा में क्या लज़्ज़त है मय-ख़ारों से पूछ
चारासाज़ी में मज़ा क्या क्या है बीमारों से पूछ

रूह-ओ-दिल को जगमगा दे जल्वा आराई तिरी
कम से कम इतना तो कर जाए मसीहाई तिरी

कोई दम में इस गुलिस्ताँ से निकलना है हमें
फ़र्श-ए-गुल से दूर अँगारों पे चलना है हमें

ख़ार-ज़ार-ए-ग़म को पैरों से कुचलना है हमें
जादा-ए-मंज़िल में गिरना है सँभलना है हमें

दर्स ऐसा दे के दिल आज़ुर्दा-ए-मंज़िल न हो
फ़िक्र-ए-ला-हासिल न हो अंदेशा-ए-बातिल न हो

(131)

ज़ुल्फ़ की छाँव में आरिज़[1] की तब-ओ-ताब लिए
लब पे अफ़्सूँ लिए आँखों में मय-ए-नाब लिए

हर नफ़स रौ में लिए सोरिश-ए-तुग़्यान-ए-निहाँ
हर नज़र शौक़ का अफ़सान-ए-बे-ताब लिए

सेहर ओ एजाज़ लिए जुम्बिश-ए-मिज़्गान-ए-दराज़
ख़ंदा-ए-शोख़ जमाल-ए-दुर-ए-ख़ुश-आब लिए

ज़ौ-फ़गन रू-ए-हसीं पर शब-ए-महताब-ए-शबाब
चश्म-ए-मख़मूर नशात-ए-शब-ए-महताब लिए

नश्शा-ए-नाज़ जवानी में शराबोर अदा
जिस्म ज़ौक़-ए-गुहर अतलस-ओ-कमख़्वाब लिए

ज़ुल्फ़-ए-शब-रंग लिए संदल[2] ओ ऊद[3] ओ अम्बर
ख़म-ए-अबरु-ए-हसीं दैर की मेहराब लिए

लब-ए-गुल-रंग-ओ-हसीं जिस्म गुदाज़-ओ-सीमीं
शोख़ी-ए-बर्क़ लिए लर्ज़िश-ए-सीमाब लिए

एक सय्याद-ए-ख़ुश-अंदाम स्वाद-ए-मशरिक़
ज़ुल्फ़-ए-बंगाल लिए तलअत-ए-पंजाब लिए

नुज़हत ओ नाज़ का इक पैकर-ए-शादाब-ओ-हसीं
निकहत-ओ-नूर का उमडा हुआ सैलाब लिए

मेरी वारफ़तगी-ए-शौक़ मुसल्लम लेकिन
किस की आँखें हैं ज़ुलेख़ा का हसीं ख़्वाब लिए

1. गाल 2. चंदन 3. एक प्रकार का बाजा

(132)

इक नया पैग़ंबर-ए-अम्न-ओ-अमाँ पैदा हुआ
कारवाँ में इक अमीर-ए-कारवाँ पैदा हुआ

एक ख़िज़्र-ए-अस्र-ए-हाज़िर इक कलीम-ए-अहद-ए-नौ
एक सद्र-ए-महफ़िल-ए-रुहानियाँ पैदा हुआ

इक हुदी-ख़्वान-ए-मोहब्बत इक नक़ीब-ए-इत्तिहाद
इक फ़िदा-ए-सोज़-ए-नाक़ूस-ओ-अज़ाँ पैदा हुआ

हक़ का सौदाई[1] हक़ीक़त का इल्म खोले हुए
सिद्क़[2] का शैदा[3] सफ़ा का पासबाँ पैदा हुआ

सर-ब-सर इक मुज़्दा-ए-तसकीन-ए-मरदान-ए-ज़ईफ़
क़ुव्वत-ए-बाज़ू-ए-यारान-ए-जवाँ पैदा हुआ

इस चमन की सरज़मीं है रू-कश-ए-हफ़्त-आसमाँ
इस चमन में ताइर-ए-अर्श-आशियाँ[4] पैदा हुआ

इक गुल-ए-ताज़ा जो मुरझा कर भी मुरझाया नहीं
सफ़्हा-ए-हस्ती[5] पे नक़्श-ए-जावेदाँ पैदा हुआ

ख़ूँ से इस के आज भी गुल-रंग है ख़ाक-ए-वतन
फ़ख़्र-ए-आलम नाज़िश-ए-हिन्दोस्ताँ पैदा हुआ

---

1. पागल 2. सच्चाई 3. जो किसी के प्रेम में मुग्ध हो 4. फ़रिश्ता 5. पृथ्वी

(133)

ये कौन आ गया रुख़-ए-ख़ंदाँ लिए हुए
आरिज़[1] पे रंग-ओ-नूर का तूफ़ाँ लिए हुए

बीमार के क़रीब ब-सद-शान-ए-एहतियात
दिलदारी-ए-नसीम-ए-बहाराँ लिए हुए

रुख़्सार पर लतीफ़ सी इक मौज-ए-सर-ख़ुशी
लब पर हँसी का नर्म सा तूफ़ाँ लिए हुए

पेशानी-ए-जमील पे अनवार-ए-तम्कनत
ताबिंदगी-ए-सुब्ह-ए-दरख़्शाँ लिए हुए

ज़ुल्फ़ों के पेच-ओ-ख़म[2] में बहारें छुपी हुई
इक कारवान-ए-निकहत-ए-बुसताँ लिए हुए

आ ही गया वो मेरा निगार-ए-नज़र-नवाज़
ज़ुल्मत-कदे में शम-ए-फ़रोज़ाँ[3] लिए हुए

इक इक अदा में सैकड़ों पहलू-ए-दिलदही
इक इक नज़र में पुर्सिश-ए-पिन्हाँ लिए हुए

मेरे सवाद-ए-शौक़ का ख़ुर्शीद-ए-नीम-शब
अज़्म-ए-शिकस्त-ए-माह-जबीनाँ लिए हुए

दरस-ए-सुकून-ओ-सब्र ब-ईं एहतिमाम-ए-नाज़

निश्तर-ज़नी-ए-जुम्बिश-ए-मिज़्गाँ लिए हुए
आँखों से एक रौ सी निकलती हुई हर आन

ग़र्क़ाबी-ए-हयात का सामाँ लिए हुए
हिलती हुई निगाह में बिजली भरी हुई

खिलते हुए लबों में गुलिस्ताँ लिए हुए
ये कौन है 'मजाज़' से सर-गर्म-ए-गुफ़्तुगू

दोनों हथेलियों पे ज़नख़दाँ लिए हुए

---

1. गाल 2. टेढ़े मेढ़े 3. जलता हुआ दीपक

(134)

तिफ़्ली[1] में आरज़ू थी किसी दिल में हम भी हों
इक रोज़ सोज़-ओ-साज़[2] की महफ़िल में हम भी हों

दिल हो असीर गेसू-ए-अम्बर-सरिश्त में
उलझे इन्हीं हसीन सलासिल[3] में हम भी हों

छेड़ा है साज़ हज़रत-ए-'साअदी' ने जिस जगह
उस बोस्ताँ के शोख़ अनादिल में हम भी हों

गाएँ तराने दोश-ए-सुरय्या पे रख के सर
तारों से छेड़ हो मह-ए-कामिल[4] में हम भी हों

आज़ाद हो के कश्मकश-ए-इल्म से कभी
आशुफ़्तगान-ए-इश्क़ की मंज़िल में हम भी हों

दीवाना-वार हम भी फिरें कोह-ओ-दश्त[5] में
दिल-दादगान-ए-शोला-ए-महमिल में हम भी हों

दिल को हो शाहज़ादी-ए-मक़्सद की धुन लगी
हैराँ सुराग़-ए-जादा-ए-मंज़िल में हम भी हों

सहरा हो, ख़ार-ज़ार हो, वादी हो, आग हो
इक दिन इन्हीं मुहीब मनाज़िल[6] में हम भी हूँ

दरया-ए-हश्र-ख़ेज़ की मौजों को चीर कर
कश्ती समेत दामन-ए-साहिल में हम भी हों

इक लश्कर-ए-अज़ीम हो मसरूफ़ कार-ज़ार[7]
लश्कर के पेश पेश मुक़ाबिल में हम भी हों

चमके हमारे हाथ में भी तेग़-ए-आबदार[8]
हंगाम-ए-जंग नर्ग़ा-ए-बातिल में हम भी हों

क़दमों पे जिन के ताज हैं इक़्लीम-ए-दहर के
उन चंद कुश्तगान-ए-ग़म-ए-दिल में हम भी हों

---

1. बचपन 2. दुःख और सुख 3. बेड़ियाँ 4. पूरा चाँद 5. पहाड़ का जंगल 6. मंजिल 7. जंग 8. तेज धार वाली तलवार

(135)

फिर ख़बर गर्म है वो जान-ए-वतन आता है
फिर वो ज़िंदानी-ए-जिंदान-ए-वतन आता है
वो ख़राब-ए-गुल-ओ-रैहान-ए-वतन आता है
मिस्र से यूसुफ़-ए-कनआन-ए-वतन आता है

"कोई माशूक़ ब-सद-शौकत-ओ-नाज़ आता है
सुर्ख़ बैरक़ है समुंदर में जहाज़ आता है"

रिंद-ए-बे-कैफ़ को थी बादा-ओ-साग़र[1] की तलाश
नाज़िर-ए-मंज़र-ए-फ़ितरत को थी मंज़र की तलाश
एक भँवरे को ख़िज़ाँ में थी गुल-ए-तर[2] की तलाश
ख़ुद सनम-ख़ाना-ए-आज़र को थी आज़र[3] की तलाश

मुज़्दा ऐ दोस्त कि वो जान-ए-बहार आ पहुँचा!
अपने दामन में लिए बर्क़-ओ-शरार आ पहुँचा!

अपना परचम वो कुछ इस अंदाज़ से लहराता है
रंग अग़यार[4] के चेहरों से उड़ा जाता है
कोई शादाँ, कोई हैराँ, कोई शरमाता है
कौन ये साहिल-ए-मशरिक़ पे नज़र आता है

अपने मयख़ाने का इक मय-कश-ए-बेहाल है ये
हाँ वही मर्द-ए-जवाँ-बख़्त ओ जवाँ-साल है ये

---

1. शराब का समन्दर 2. ताजा फूल 3. एक विख्यात प्रतिमा शिल्पी का नाम जो हजरत इब्राहिम के चाचा थे 4. गैर लोग

(136)

मर्द-ए-सरकश तुझे आदम की कहानी की क़सम
रूह-ए-इंसाँ के तक़ाज़ा-ए-निहानी की क़सम
जज़्बा-ए-ऐश की हर शोरिश-ए-फ़ानी की क़सम
तुझ को अपनी इसी बद-मस्त जवानी की क़सम

आ कि इक बार गले से तो लगा लें तुझ को
अपने आग़ोश-ए-मोहब्बत में उठा लें तुझ को

नुत्क़[1] तो अब भी है पर शोला-फ़िशाँ है कि नहीं
सोज़-ए-पिन्हाँ[2] से तिरी रूह तपाँ है कि नहीं
तुझ पे ये बार ग़ुलामी का गिराँ है कि नहीं
जिस्म में ख़ून जवानी का रवाँ है कि नहीं

और अगर है तो फिर आ तेरे परस्तार हैं हम
जिंस-ए-आज़ादी-ए-इंसाँ के ख़रीदार हैं हम

साक़ी ओ रिंद तिरे हैं मय-ए-गुलफ़ाम तिरी
उठ कि आसूदा है फिर हसरत-ए-नाकाम तिरी
बरहमन तेरे हैं कुल मिल्लत-ए-इस्लाम तिरी
सुब्ह-ए-काशी तिरी, संगम की हसीं शाम तिरी

देख शमशीर[3] है ये साज़ है ये जाम है ये
तू जो शमशीर उठा ले तो बड़ा काम है ये

देख बदला नज़र आता है गुलिस्ताँ का समाँ
साग़र ओ साज़ न ले, जंग के नारे हैं यहाँ
ये दुआएँ हैं वो मज़लूम[4] की आहों का धुआँ
माइल-ए-जंग नज़र आता है हर मर्द-ए-जवाँ

सरफ़रोशान-ए-बला-कश का सहारा बन जा
उठ और अफ़्लाक-ए-बग़ावत का सितारा बन जा

---

1. बोली 2. दिल में लगी हुई आग 3. तलवार 4. पीड़ित

(137)

हो नहीं सकता तिरी इस "ख़ुश-मज़ाक़ी" का जवाब
शाम का दिलकश समाँ और तेरे हाथों में किताब

रख भी दे अब इस किताब-ए-ख़ुश्क को बाला-ए-ताक़[1]
उड़ रहा है रंग-ओ-बू की बज़्म[2] में तेरा मज़ाक़

छुप रहा है पर्दा-ए-मग़रिब में महर-ए-ज़र-फ़िशाँ
दीद के क़ाबिल हैं बादल में शफ़क़ की सुर्ख़ियाँ

मौजज़न जू-ए-शफ़क़ है इस तरह ज़ेर-ए-सहाब
जिस तरह रंगीन शीशों में झलकती है शराब

इक निगारिश-ए-आतिशीं हर शय पे है छाया हुआ
जैसे आरिज़[3] पर उरूस-ए-नौ के हो रंग-ए-हया

शाना-ए-गीती पे लहराने को हैं गेसु-ए-शब
आसमाँ में मुनअक़िद होने को है बज़्म-ए-तरब

उड़ रहे हैं जुस्तुजू में आशियानों के तुयूर[4]
आ चला है आइने में चाँद के हल्का सा नूर

देख कर ये शाम के नज़्ज़ारा-हा-ए-दिल-नशीं
क्या तिरे दिल में ज़रा भी गुदगुदी होती नहीं

क्या तिरी नज़रों में ये रंगीनियाँ भाती नहीं
क्या हवा-ए-सर्द तेरे दिल को तड़पाती नहीं

क्या नहीं होती तुझे महसूस मुझ को सच बता
तेज़ झोंकों में हवा के गुनगुनाने की सदा

सब्ज़ा-ओ-गुल देख कर तुझ को ख़ुशी होती नहीं
उफ़ तिरे एहसास में इतनी भी रंगीनी नहीं

हुस्न-ए-फ़ितरत की लताफ़त[5] का जो तू क़ाएल नहीं
मैं ये कहता हूँ तुझे जीने का हक़ हासिल नहीं

---

1. जिससे कोई संबंध न हो 2. सभा 3. गाल 4. परिंदे 5. सफाई

(138)

ब-सद ग़ुरूर ब-सद फ़ख़्र-ओ-नाज़-ए-आज़ादी
मचल के खुल गई ज़ुल्फ़-ए-दराज़-ए-आज़ादी

मह-ओ-नुजूम हैं नग़्मा-तराज़-ए-आज़ादी
वतन ने छेड़ा है इस तरह साज़-ए-आज़ादी

ज़माना रक़्स[1] में है ज़िंदगी ग़ज़ल-ख़्वाँ[2] है
ज़माना रक़्स में है ज़िंदगी ग़ज़ल-ख़्वाँ है

हर इक जबीं पे है इक मौज-ए-नूर-ए-आज़ादी
हर इक आँख में कैफ़-ओ-सुरूर-ए-आज़ादी

ग़ुलामी ख़ाक-बसर है हुज़ूर-ए-आज़ादी
हर एक क़स्र[3] है इक बाम-ए-तूर-ए-आज़ादी

हर एक बाम पे इक परचम-ए-ज़र-अफ़्शाँ है
हर एक सम्त निगारान-ए-यासमीं-पैकर

निकल पड़े हैं दर-ओ-बाम से मह-ओ-अख़्तर[4]
वो सैल-ए-नूर है ख़ीरा है आदमी की नज़र

ब-सद ग़ुरूर-ओ-अदा ख़ंदा-ज़न है गर्दूं पर
ज़मीन-ए-हिन्द कि जोला-निगह ग़ज़ालाँ है

सदा दो अंजुम-ए-अफ़्लाक रक़्स फ़रमाएँ
बुतान-ए-काफ़िर-ओ-सफ़्फ़ाक रक़्स फ़रमाएँ

शरीक हल्का-ए-इदराक रक़्स फ़रमाएँ
तरब का वक़्त है बेबाक रक़्स फ़रमाएँ

कि ये बहार-ए-पयामी-ए-सद-बहाराँ है
ये इंक़लाब का मुज़्दा है इंक़लाब नहीं

ये आफ़्ताब का परतव है आफ़्ताब नहीं
वो जिस की ताब-ओ-तवानाई[5] का जवाब नहीं

अभी वो सइ-ए-जुनूँ-ख़ेज़ कामयाब नहीं
ये इंतिहा नहीं आग़ाज़-ए-कार-ए-मर्दां है

---

1. नृत्य 2. गजल गायक 3. बेगार 4. चाँद तारे 5. धीरज

(139)

जो ज़ाहिर न हो वो लताफ़त[1] नहीं है
जो पिन्हाँ रहे वो सदाक़त[2] नहीं है

ये फ़ितरत नहीं है मशिय्यत[3] नहीं है
कोई और शय है ये इस्मत[4] नहीं है

सबा और गुलिस्ताँ से दामन कशीदा
नवा-ए-फ़ुसूँ-ख़ेज़ और ना-शुनीदा

तजल्ली-ए-रुख़्सार और ना-दमीदा
कोई और शय है ये इस्मत नहीं है

सर-ए-रहगुज़र छुप-छुपा कर गुज़रना
ख़ुद अपने ही जज़्बात का ख़ून करना

हिजाबों में जीना हिजाबों में मरना
कोई और शय है ये इस्मत नहीं है

ख़यालात-ए-पैहम में हर वक़्त गुम-सुम
दिल-ए-नर्म-ओ-नाज़ुक पे अब्र-ए-तवहहुम

बुझा सा तबस्सुम घुटा सा तकल्लुम
कोई और शय है ये इस्मत नहीं है

वो इक काहिश-ए-तल्ख़ हर आन दिल में
वो शाम-ओ-सहर एक ख़लजान दिल में

उमँडता हुआ एक तूफ़ान दिल में
कोई और शय है ये इस्मत नहीं है

निगाहों की दावत को पामाल करना
मज़ाक़-ए-लताफ़त को पामाल करना

तक़ाज़ा-ए-फ़ितरत को पामाल[5] करना
कोई और शय है ये इस्मत नहीं है

क़सम अंजुम-ए-शब के ज़ौक़-ए-सफ़र की
क़सम ताज़गी-ए-नसीम-ए-सहर की

क़सम आसमानों के शम्स-ओ-क़मर की
कोई और शय है ये इस्मत नहीं है

क़सम शोख़ी-ए-इश्क़ संजोगता की
क़सम जून के अज़्म-ए-सब्र-आज़मा की

क़सम ताहिरा की क़सम ख़ालिदा की
कोई और शय है ये इस्मत नहीं है

---

1. नर्मी 2. सच्चाई 3. इच्छा 4. पवित्र 5. पाँव से कुचला हुआ

(140)

किसी और ग़म में इतनी ख़लिश-ए-निहाँ नहीं है
ग़म-ए-दिल मिरे रफ़ीक़ो ग़म-ए-राएगाँ नहीं है

कोई हम-नफ़स नहीं है कोई राज़-दाँ नहीं है
फ़क़त एक दिल था अब तक सो वो मेहरबाँ नहीं है

मिरी रूह की हक़ीक़त मिरे आँसुओं से पूछो
मिरा मज्लिसी तबस्सुम मिरा तर्जुमाँ नहीं है

किसी ज़ुल्फ़ को सदा दो किसी आँख को पुकारो
बड़ी धूप पड़ रही है कोई साएबाँ नहीं है

इन्हीं पत्थरों पे चल कर अगर आ सको तो आओ
मिरे घर के रास्ते में कोई कहकशाँ नहीं है

(141)

चले तो कट ही जाएगा सफ़र आहिस्ता आहिस्ता
हम उस के पास जाते हैं मगर आहिस्ता आहिस्ता

अभी तारों से खेलो चाँद की किरनों से इठलाओ
मिलेगी उस के चेहरे की सहर आहिस्ता आहिस्ता

दरीचों को तो देखो चिलमनों[1] के राज़ तो समझो
उठेंगे पर्दा-हा-ए-बाम-ओ-दर आहिस्ता आहिस्ता

ज़माने भर की कैफ़ियत[2] सिमट आएगी साग़र में
पियो उन अँखड़ियों के नाम पर आहिस्ता आहिस्ता

यूँही इक रोज़ अपने दिल का क़िस्सा भी सुना देना
ख़िताब[3] आहिस्ता आहिस्ता नज़र आहिस्ता आहिस्ता

---

1. पर्दा 2. वर्णन 3. उपाधि

(142)

बर्बाद-ए-तमन्ना पे इताब[1] और ज़ियादा
हाँ मेरी मोहब्बत का जवाब और ज़ियादा

रोएँ न अभी अहल-ए-नज़र[2] हाल पे मेरे
होना है अभी मुझ को ख़राब और ज़ियादा

आवारा ओ मजनूँ ही पे मौक़ूफ़[3] नहीं कुछ
मिलने हैं अभी मुझ को ख़िताब और ज़ियादा

उट्ठेंगे अभी और भी तूफ़ाँ मिरे दिल से
देखूँगा अभी इश्क़ के ख़्वाब और ज़ियादा

टपकेगा लहू और मिरे दीदा-ए-तर से
धड़केगा दिल-ए-ख़ाना-ख़राब और ज़ियादा

होगी मिरी बातों से उन्हें और भी हैरत
आएगा उन्हें मुझ से हिजाब और ज़ियादा

उसे मुतरिब-ए-बेबाक कोई और भी नग़्मा
ऐ साक़ी-ए-फ़य्याज़ शराब और ज़ियादा

---

1. क्रोध 2. सच्चा प्रेमी 3. निलंबित

(143)

मेहर सदियों से चमकता ही रहा अफलाक[1] पर
रात ही तारी रही इंसान की इदराक[2] पर

अक्ल के मैदान में जुल्मत का डेरा ही रहा
दिल में तारीकी दिमागों में अंधेरा ही रहा

आसमानों से फरिश्ते भी उतरते ही रहे
नेक बंदे भी खुदा का काम करते ही रहे

इब्ने मरियम भी उठे मूसाए इम्रां भी उठे
राम ओ गौतम भी उठे, फिरऔन ओ हामॉ भी उठे

मस्जिदों में मौलवी खुतबे[3] सुनाते ही रहे
मन्दिरों में बरहमन अश्लोक गाते ही रहे

इक न इक दर पर जबींए शौक घिसती ही रही
आदमीयत जुल्म की चक्की में पिसती ही रही

रहबरी जारी रही, पैगम्बरी जारी रही
दीन के परदे में, जंगे जरगरी जारी रही

अहले बातिन[4] इल्म के सीनों को गरमाते रहे
जिहल के तारीक साये हाथ फैलाते रहे

ज़ेहने इंसानी ने अब, औहाम[5] के जुल्मात में
जिंदगी की सख्त तूफानी अंधेरी रात में

कुछ नहीं तो कम से कम ख़्वाबे सहर देखा तो है
जिस तरफ देखा न था अब तक उधर देखा तो है

---

1. आसमान 2. बोध 3. भाषण 4. अंतरात्मा 5. धोके

(144)

ये कौन आ गया रुखे-खंदाँ लिये हुये
आरिज़ पे रंगो-नूर का तूफ़ाँ लिये हुये

बीमार के क़रीब बसद-शाने-एहतियात
दिलदारि-ए-नसीम-ए-बहाराँ लिये हुये

रुख़सार पर लतीफ़ सी इक मौज़े-सरखुशी
लब पर हँसी का नर्म सा तूफ़ाँ लिये हुआ

पेशानि-ए-ज़मील पे अनवारे-तमकनत
ताबिंदगी-ए-सुबहे-दरख्शाँ लिये हुये

ज़ुल्फ़ों के पेचो-ख़म में बहारें छिपी हुईं
इक कारवाने-निगहते-बुस्ताँ लिये हुये

आ ही गया वो मेरा निगारे-नज़रनवाज़
ज़ुल्मतकदे में शमए-फ़िरोज़ाँ लिये हुये

इक-इक अदा में सैकड़ों पहलू-ए-दिलदही
इक-इक नज़र में पुरसिशे-पिनहाँ लिये हुये

मेरे सवादे-शौक़ का ख़ुरशीदे-नीमशब
अज़्मे-शिकस्ते-माहज़बीनाँ लिये हुये

दर्से-सुकूनो-सब्र ब-ईं-एहतमामे-नाज़
नश्तरज़नीं-ए-जुंबिशे-मिज़गाँ लिये हुये

आँखों से एक रौ से निकलती हुई हर आन
गर्क़ाबि-ए-हयात का सामाँ लिये हुये

मिलती हुई निगाह में बिजली भरी हुई
खिलते हुये लबों में गुलिस्ताँ लिये हुये

ये कौन है 'मजाज़' से सरगर्मे-गुफ़्तगू
दोनों हथेलियों पे ज़नख़दाँ लिये हुये

(145)

फिर चली है रेल स्टेशन से लहराती हुई
नीम-शब की ख़ामोशी में ज़ेर-ए-लब[1] गाती हुई

डग-मगाती, झूमती, सीटी बजाती, खेलती,
वादी-ओ-कोहसर की ठंडी हवा खाती हुई

तेज़ झोंकों में वो छम छम का सरोद-ए-दिल-नशीं,
आन्धियों में मेह बरसने की सदा आती हुई

जैसे मौजों का तरन्नुम जैसे जल-परियों के गीत,
इक-इक लय में हज़ारों ज़म-ज़में गाती हुई

नौनिहालों को सुनाती मिठी मिठी लोरियाँ,
नाज़-नीनों को सुनहरे ख़्वाब दिखलाती हुई

ठोकरें खाकर, लचकती, गुनगुनाती, झुमती,
सर-ख़ुशी में घुंघरूओं की ताल पर गाती हुई

नाज़ से हर मोड़ पर खाती हुई सौ पेच-ओ-ख़म,
इक दुल्हन अपनी अदा से आप शर्माती हुई

रात की तारीकियों में झिल-मिलाती, काँपती,
पटरियों पे दूर तक सीमाब छलकाती हुई

जैसे आधी रात को निकली हो इक शाही बरात,
शादियानों की सदा से वज़्द में आती हुई

मुन्तज़िर कर के फ़ज़ा में जा-ब-जा चिंगारियाँ,
दामन-ए-मौज-ए-हवा में फूल बरसाती हुई

तेज़-तर होती हुई मंज़िल-ब-मंज़िल दम-ब-दम,
रफ़्ता रफ़्ता अपना असली रूप दिखलती हुई

सीना-ए-कोहसर पर चढ़ती हुई बे-इख़्तियार[2]
एक नागन जिस तरह मस्ती में लहराती हुई

इक सितारा टूट कर जैसे रवाँ हो अर्श पर,
रिफ़त-ए-कोहसर से मैंदान में आती हुई

इक बगूले की तरह बढती हुई मैंदान में,
जंगलों में आन्धियों का ज़ोर दिखलाती हुई

याद आ जाये पुराने देवताओं का जलाल,
इन क़यामत-ख़ेज़ियों के साथ बलखाती हुई

एक रख़्श-ए-बे-इनाँ की बर्क़-रफ़्तारी के साथ,
ख़ंदक़ों को फाँदती टीलों से कतराती हुई

मुर्ग़-ज़ारों में दिखाती जू-ए-शिरीं का ख़िराम,
वादियों में अब्र[3] के मानिंद मन्डराती हुई

इक पहाड़ी पर दिखाती आबशारों की झलक,
इक बियाबाँ में चिराग़-ए-तूर दिखलाती हुई

जुस्तजू में मंज़िल-ए-मक़सूद की दीवानावार,
अपना सर धुनती फ़ज़ा में बाल बिखराती हुई

छेड़ती इक वज़्द के आलम में साज़-ए-सरमदी,
ग़ैज़ के आलम में मूँह से आग बरसाती हुई

ज़द में कोई चीज़ आ जाये तो उस को पीस कर,

इर्तिक़ा-ए-ज़िन्दगी के राज़ बतलाती हुई

---

1. धीरे से 2. बेकाबू 3. बादल

(146)

सब्ज़ा ओ बर्ग ओ लाला ओ सर्व-ओ-समन को क्या हुआ
सारा चमन उदास है हाए चमन को क्या हुआ

इक सुकूत हर तरफ़ होश-रुबा ओ हौल-नाक[1]
ख़ुल्द-ए-वतन के पासबाँ ख़ुल्द-ए-वतन को क्या हुआ

रक़्स-ए-तरब किधर गया नग़्मा-तराज़[2] क्या हुए
ग़म्ज़ा-ओ-नाज़ क्या हुए इश्वा ओ फ़न को क्या हुआ

जिस की नवा-ए-दिल-सिताँ ज़ख़्मा-ए-साज़-ए-शौक़ थी
कोई बताओ उस बुत-ए-ग़ुंचा-दहन को क्या हुआ

चश्मक-ए-दम-ब-दम नहीं मश्क़-ए-ख़िराम-ओ-रम नहीं
मेरे ग़ज़ाल क्या हुए मेरे ख़ुतन को क्या हुआ

छाई है क्यूँ फ़सुर्दगी आलम-ए-हुस्न-ओ-इश्क़ पर
आज वो "नल" किधर गए आज "दमन" को क्या हुआ

आँखों में ख़ौफ़ ओ यास है चेहरा उदास उदास है
अस्र-ए-रवाँ की लैला-ए-बुर्क़ा-फ़गन को क्या हुआ

आह ख़िरद[3] किधर गई आह जुनूँ ने क्या किया
आह शबाब-ए-ख़ूगर-ए-दार-ओ-रसन को क्या हुआ

कोई बताए अज़्मत-ए-ख़ाक-ए-वतन कहाँ है अब
कोई बताए ग़ैरत-ए-अहल-ए-वतन को क्या हुआ

कोह वही दमन वही दश्त[4] वही चमन वही

फिर ये 'मजाज़' जज़्बा-ए-हुब्ब-ए-वतन को क्या हुआ

---

1. भयंकर 2. गाने वाला 3. बुद्धि 4. मैदान

(147)

वो नौ-ख़ेज़[1] नूरा वो इक बिन्त-ए-मरियम
वो मख़मूर[2] आँखें वो गेसू-ए-पुर-ख़म

वो मख़मूर की इक माह-पारा
वो दैर-ओ-हरम के लिए इक शरारा

वो फ़िरदौस-ए-मरियम का इक ग़ुंचा-ए-तर
वो तसलीस[3] की दुख़्तर-ए-नेक-अख़्तर

वो इक नर्स थी चारा-गर जिस को कहिए
मदावा-ए-दर्द-ए-जिगर जिस को कहिए

जवानी से तिफ़्ली[4] गले मिल रही थी
हवा चल रही थी कली खिल रही थी

वो पुर-रोब तेवर वो शादाब[5] चेहरा
मता-ए-जवानी पे फ़ितरत का पहरा

मिरी हुक्मरानी है अहल-ए-ज़मीं पर
ये तहरीर था साफ़ उस की जबीं पर

सफ़ेद और शफ़्फ़ाफ़[6] कपड़े पहन कर
मिरे पास आती थी इक हूर बन कर

वो इक आसमानी फ़रिश्ता थी गोया
कि अंदाज़ था उस में जिब्रईल का सा

वो इक मरमरीं हूर ख़ुल्द-ए-बरीं की
वो ताबीर आज़र के ख़्वाब-ए-हसीं की

वो तस्कीन-ए-दिल थी सुकून-ए-नज़र थी
निगार-ए-शफ़क़ थी जमाल-ए-नज़र थी

---

1. नया 2. मदहोश 3. तीन की तिकड़ी 4. बचपन 5. हराभरा 6. बहुत उजला

(148)

वो शो'ला वो बिजली वो जल्वा वो परतव
सुलैमाँ की वो इक कनीज़-ए-सुबुक-रौ

कभी उस की शोख़ी में संजीदगी थी
कभी उस की संजीदगी में भी शोख़ी

घड़ी चुप घड़ी करने लगती थी बातें
सिरहाने मिरे काट देती थी रातें

अजब चीज़ थी वो अजब राज़ थी वो
कभी सोज़ थी वो कभी साज़ थी वो

नक़ाहत[1] के आलम में जब आँख उठती
नज़र मुझ को आती मोहब्बत की देवी

वो उस वक़्त इक पैकर-ए-नूर होती
तख़य्युल[2] की पर्वाज़ से दूर होती

हंसाती थी मुझ को सुलाती थी मुझ को
दवा अपने हाथों से मुझ को पिलाती

अब अच्छे हो हर रोज़ मुज़्दा सुनाती
सिरहाने मिरे एक दिन सर झुकाए

वो बैठी थी तकिए पे कुहनी टिकाए
ख़यालात-ए-पैहम में खोई हुई सी

न जागी हुई सी न सोई हुई सी

झपकती हुई बार बार उस की पलकें
जबीं पर शिकन बे-क़रार उस की पलकें

वो आँखों के साग़र छलकते हुए से
वो आरिज़[3] के शोले भड़कते हुए से

---

1. कमजोरी 2. सोचना 3. गाल

(149)

लबों में था लाल-ओ-गुहर का ख़ज़ाना
नज़र आरिफ़ाना[1] अदा राहिबाना[2]

महक गेसुओं से चली आ रही थी
मिरे हर नफ़स में बसी जा रही थी

मुझे लेटे लेटे शरारत की सूझी
जो सूझी भी तो किस क़यामत[3] की सूझी

ज़रा बढ़ के कुछ और गर्दन झुका ली
लब-ए-लाल-ए-अफ़्शाँ से इक शय चुरा ली

वो शय जिस को अब क्या कहूँ क्या समझिए
बेहिश्त-ए-जवानी का तोहफ़ा समझिए

शराब-ए-मोहब्बत का इक जाम-ए-रंगीं
सुबू-ज़ार-ए-फ़ितरत का इक जाम-ए-रंगीं

मैं समझा था शायद बिगड़ जाएगी वो
हवाओं से लड़ती है लड़ जाएगी वो

मैं देखूँगा उस के बिफरने का आलम
जवानी का ग़ुस्सा बिखरने का आलम

इधर दिल में इक शोर-ए-महशर[4] बपा था
मगर उस तरफ़ रंग ही दूसरा था

हँसी और हँसी इस तरह खिलखिला कर
कि शम-ए-हया रह गई झिलमिला कर

जानती नहीं है मिरा नाम तक वो
मगर भेज देती है पैग़ाम तक वो

ये पैग़ाम आते ही रहते हैं अक्सर
कि किस रोज़ आओगे बीमार हो कर

---

1. ब्रह्म ज्ञानियों की जैसा 2. मुनि 3. प्रलय 4. प्रलय जैसा शोर

www.ingramcontent.com/pod-product-compliance
Ingram Content Group UK Ltd.
Pitfield, Milton Keynes, MK11 3LW, UK
UKHW062257290726
14090UKWH00017B/736